UNIVERSITÉ DE FRANCE.

FACULTÉ DE DROIT DE DOUAI.

THÈSE

POUR

LE DOCTORAT

PAR

GEORGES PHILIPPE

Avocat au Tribunal civil d'Arras.

ARRAS

IMPRIMERIE ET LITHOGRAPHIE E. BRADIER
76, rue Saint-Maurice. 76.

1882

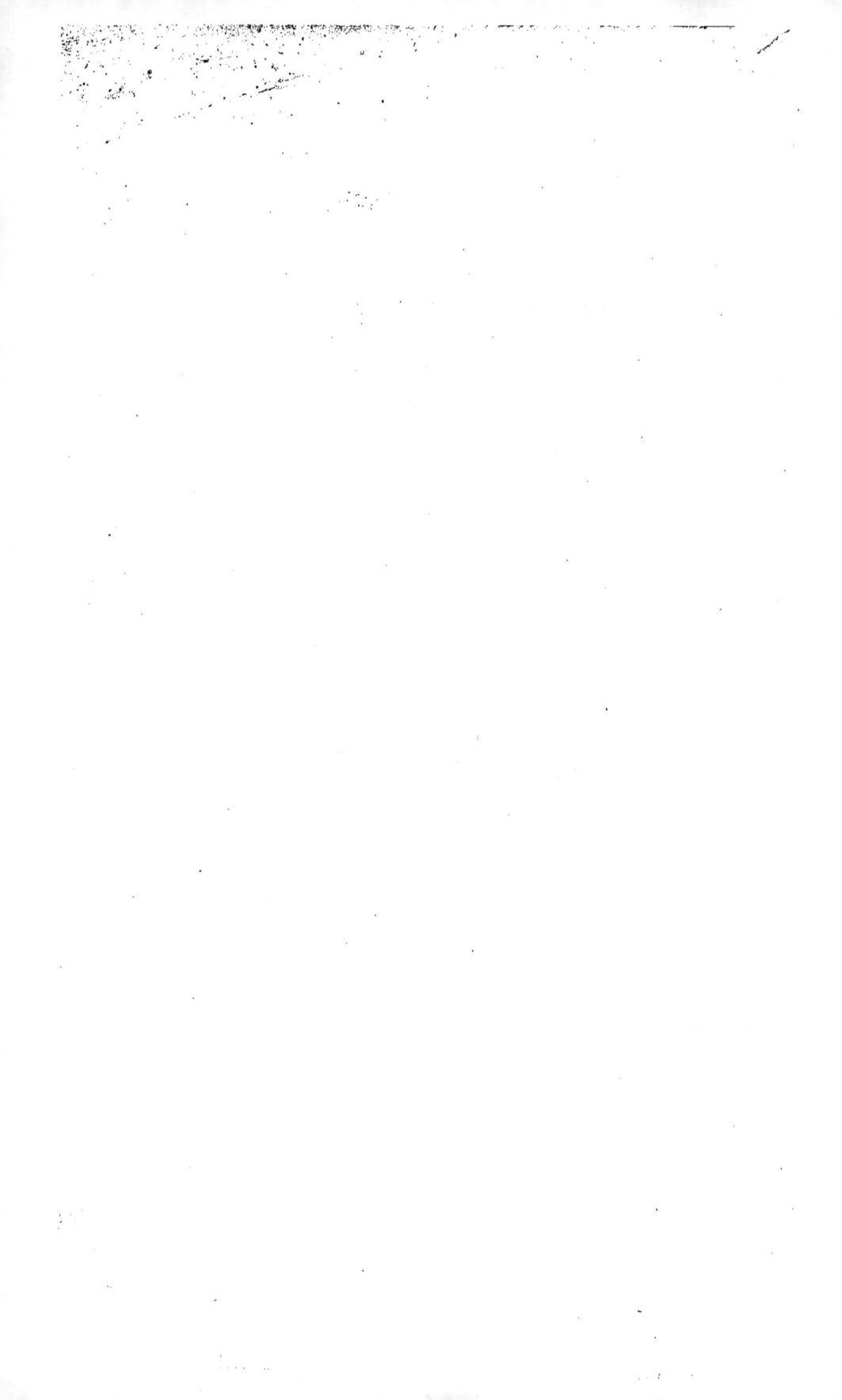

THÈSE

POUR LE DOCTORAT

UNIVERSITÉ DE FRANCE

ACADÉMIE DE DOUAI · FACULTÉ DE DROIT

THÈSE

POUR

LE DOCTORAT

DROIT ROMAIN
DE LA REPRÉSENTATION DANS LES OBLIGATIONS

DROIT FRANÇAIS
DU CONTRAT DE COMMISSION

L'acte public sur les Matières ci-après sera soutenu
le JEUDI 16 FÉVRIER 1882, à trois heures de l'après-midi

PAR

GEORGES PHILIPPE

Avocat au Tribunal civil d'Arras

Président : **M. DANIEL DE FOLLEVILLE**, A. ۩, Doyen.

Suffragants :
MM. PIÉBOURG,
GARÇON,
MICHEL,
LACOUR.

Professeurs.

Agrégés chargés de cours.

Le Candidat devra en outre répondre à toutes les questions qui lui seront
faites sur les autres matières de l'enseignement.

ARRAS
Imprimerie E. BRADIER, rue Saint-Maurice.
1882

FACULTÉ DE DROIT DE DOUAI

MM.

DANIEL DE FOLLEVILLE, A. ⬢, doyen, professeur de code civil et de droit international privé.

DRUMEL, A. ⬢, député, professeur de droit romain.

FÉDER, professeur de code civil et chargé d'un cours sur une matière approfondie de droit français.

PIÉBOURG, professeur de droit romain, et chargé du cours sur les Pandectes.

GARÇON, professeur de législation criminelle et chargé d'un cours d'histoire du droit romain et du droit français.

POISNEL-LANTILLÈRE, agrégé, chargé d'un cours de droit romain.

MICHEL, agrégé de la faculté de droit de Paris, délégué à la faculté de droit de Douai, et chargé du cours d'histoire générale du droit français public et privé.

LEPOITTEVIN, agrégé, chargé du cours de procédure civile et du cours sur le droit des gens public et les législations comparées de l'Angleterre, de la Belgique et de la France.

VALLAS, agrégé, chargé d'un cours de code civil et du cours de législation industrielle.

LACOUR, agrégé, chargé du cours de droit commercial et d'un cours de droit maritime.

BOURGUIN, agrégé, chargé du cours de droit administratif, et d'un cours sur l'enregistrement dans ses rapports avec le droit civil.

CHEVALLIER, A. ⬢, chargé du cours d'économie politique.

CÉLICE, chargé d'un cours de droit romain.

Doyen honoraire. — M. BLONDEL, A. ✳, ⬢, (I. P.) conseiller à la cour de cassation.

MOREL, licencié en droit, secrétaire, agent comptable.

COUSIN, licencié en droit, bibliothécaire.

A MES PARENTS

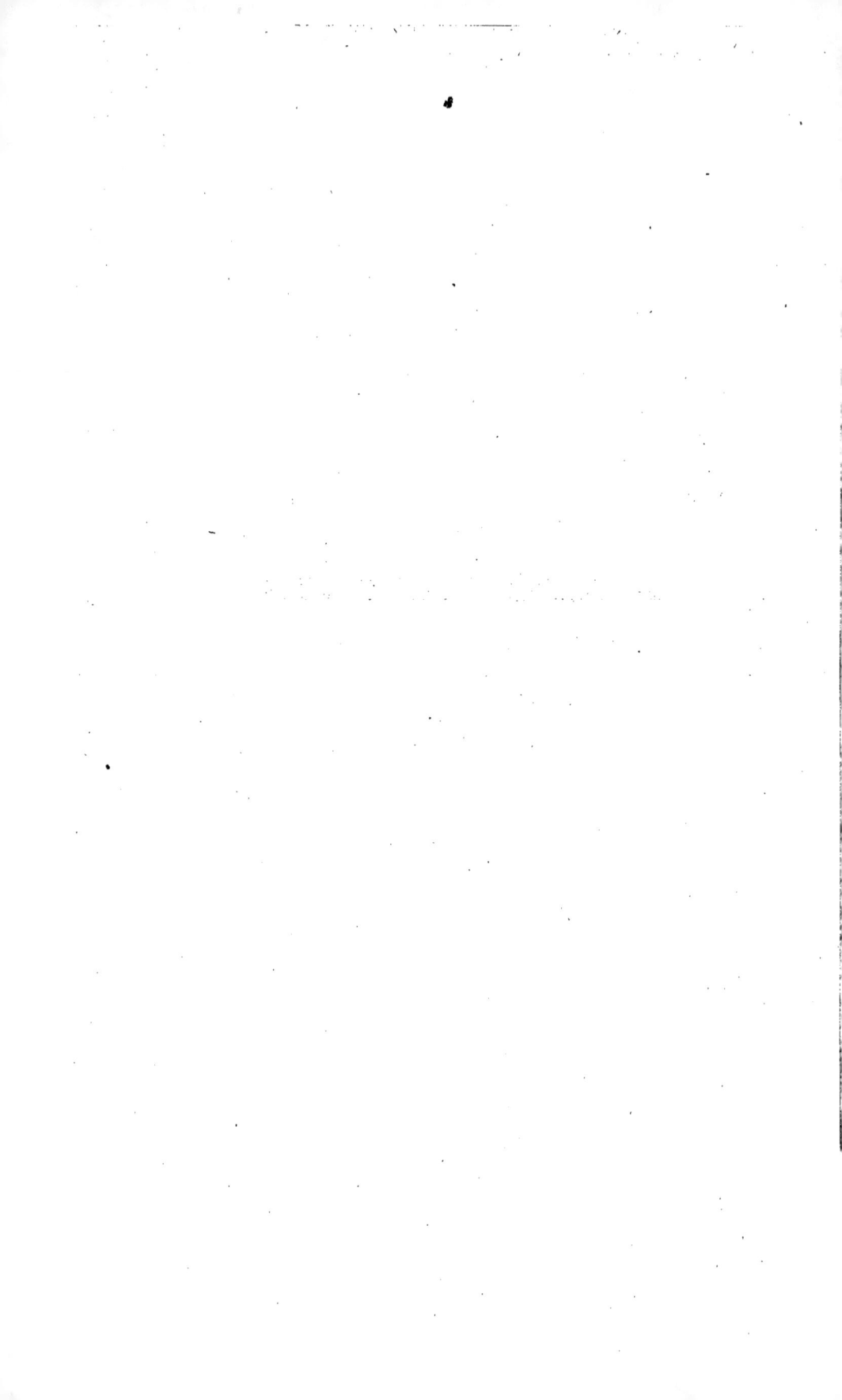

DROIT ROMAIN

DE LA REPRÉSENTATION

DANS

LES OBLIGATIONS

INTRODUCTION.

Tenir la place de quelqu'un, en exercer les droits, agir en son nom, tel est le but de la représentation. Le représentant contracte, et les effets du contrat se produisent dans la personne du représenté qui seul en supporte les conséquences bonnes ou mauvaises ; car le tiers contractant a suivi sa foi, c'est son crédit qu'il a eu en vue, c'est sa personne qu'il a considérée ; le rôle du représentant est donc fini après la conclusion de l'affaire, la doublure disparaît et le véritable acteur est rendu responsable des faits et des actes de celui qu'il s'était substitué.

Grâce à cette fiction, qui fait du représenté le seul et véritable contractant, la représentation était destinée à prendre dans la pratique une extension considérable à cause de son utilité même : aux personnes capables, elle permet d'accomplir les actes auxquels s'oppose un obstacle de fait ; aux incapables, elle offre le moyen de faire disparaître les conséquences de leur incapacité en permettant l'administration de leur fortune.

La représentation est même, pour ces derniers, une nécessité. Comment une personne morale exercerait-elle ses droits, puisqu'elle n'a qu'une existence juridique? Comment un mineur, un interdit, géreraient-ils leurs biens puisqu'ils manquent, le premier de l'expérience, l'autre de l'intelligence pour mener à bonne fin cette administration ?

Il semble donc difficile, il paraît même impossible qu'on puisse se passer de la représentation, tant à raison de son utilité pour les personnes capables, que de sa nécessité pour les incapables.

Les Romains ne l'ont cependant pas connue dans le premier état de leur droit.

C'est qu'en effet la représentation est déjà une conception savante à laquelle est peu accessible l'esprit d'un peuple primitif. Ce qu'on règlemente au début d'une société, ce sont les rapports de la vie tels qu'ils se présentent et tels qu'ils se comprennent. La nation, ou pour mieux dire, la tribu se compose d'un petit noyau d'individus qui tous se connaissent, entretiennent ensemble des rapports journaliers, et n'ont pas besoin de l'aide d'un tiers pour traiter les affaires qui les concernent ; et, d'ailleurs, les affaires sont-elles bien fréquentes ? Le commerce n'existe pas et la notion de la propriété individuelle est à peine connue. Plus tard, quand les idées juridiques se développent, on sent le besoin de constater d'une façon certaine les divers contrats auxquels donnent lieu les rapports sociaux ; alors apparaît le formalisme avec ses rigueurs, le droit se resserre et se cantonne dans un petit nombre de procédés contractuels. Mais alors ce droit lui-même qui se développe oppose un nouvel obstacle à toute idée de représentation, et cet obstacle réside précisément dans la solennité des actes.

A ces causes générales vient se joindre à Rome une cause spéciale tenant au caractère personnel de l'obligation : *Obligatio est juris vinculum quo necessitate adstringimur alicujus solvendæ rei*, nous dit Justinien (1) C'est un lien de droit qui relie deux personnes, un créancier et un débiteur ; qu'un des termes de l'obligation vienne à changer, et ce *vinculum uris* dont nous parlons disparaît.

On comprend combien cette notion sévère et précise de l'obligation devait apporter d'obstacles à l'établissement de la représentation : deux personnes contractent, mais le résultat de l'opération se reportera sur la tête d'une tierce personne, qui n'est pas présente à l'acte ; il y avait là un résultat

---

(1) Inst. *De obligationibus*, 1, III, t. 13. — Cette métaphore n'était pas une figure à l'origine, le débiteur récalcitrant pouvant, d'après la loi des XII Tables, être mis à la chaîne par son créancier.

trop contraire aux notions du droit des obligations, pour qu'on essayât de l'atteindre au début et du premier coup.

Certaines restrictions existèrent cependant de tout temps à la sévérité de ce principe : elles se rattachent à la constitution de la famille et au contrat de mandat ; nous les étudierons successivement.

Puis nous verrons comment, sous l'influence des nécessités pratiques et particulièrement des besoins du commerce, la théorie de la représentation se fait jour. Timide et incertaine au début, elle se développe par suite des analogies de fait que le préteur essaie de réaliser en droit, battant successivement en brèche les vieilles prohibitions et tendant à faire prévaloir partout l'équité sur la sévérité des principes ; jusqu'à ce qu'enfin, de progrès en progrès, l'idée nouvelle se dégage et rompe avec le passé, sinon complètement, du moins dans une mesure qui réponde suffisamment aux besoins de la pratique.

« Ici encore, rien ne se faisait avec violence : l'honneur de la loi était ménagé. Mais on la faisait disparaître peu à peu sous les distinctions, les interprétations, les sophismes ; sophistique après tout salutaire et bien entendue. De cette façon, les lacunes de la loi commençaient à se remplir, les injustices étaient redressées. Des voies détournées s'ouvraient à ceux auxquels son silence fermait les voies directes. La volonté du législateur officiel cédait devant l'action d'un plus grand législateur : le temps. L'iniquité de la coutume nationale était ramenée à l'équité naturelle du bon sens humain. Le jurisconsulte effaçait le légiste. Le droit, l'équité absolue reprenait son terrain que la loi avait envahi. » (1).

La prohibition de la représentation ne doit pas être confondue avec les deux règles suivantes :

« *Nemo alienum factum promittere potest ; nemo alii stipulari potest,* » bien que cependant elle s'y rattache.

« *Nemo alienum factum promittere potest :* »

Je promets que Titius donnera cent ; une telle promesse est nulle (2). Titius ne sera pas obligé parce qu'il n'a pas été partie au contrat et parce que la représentation n'est pas admise en matière d'obligations : « *Certissimum est enim, ex alterius contractu neminem obligari* ()3. » Aussi a-t-on décidé que je pourrai promettre mon fait, mais non pas et uniquement le fait de l'un de mes héritiers (4).

De plus, en promettant le fait de Titius, je ne m'oblige pas moi-même, car mon intention n'est pas de me rendre personnellement débiteur, le tiers contractant sera donc sans action.

Il n'en serait autrement que si le fait de Titius était intimement lié à un fait personnel que je dois accomplir· Par exemple, j'ai promis de faire en sorte que Titius accom-

---

(1) De Champagny. *Les Césars.* T. IV, p. 80.

(2) Inst. § 3. *De inutilit. stipul,* l. III, t. 19.

(3) L. 3. Code. *Ne uxor pro mar :* l. IV, t. 12. — L. 38 pr. L. 45. Dig. *De fidejussoribus et mandatoribus,* l. XLVI, t. 16.

(4) L. 56, § 1. Dig. *De verb. oblig.,* l. XLV, t. 1.

plisse tel ou tel fait ; je suis dans ce cas directement lié et s'il est toujours vrai que le tiers n'aura pas d'action contre Titius, il en aura une contre moi, pour obtenir réparation du préjudice que lui cause l'inexécution de l'acte. Il en serait de même si j'ai promis le fait de Titius moyennant une *pœna* pour moi (1).

Cette intention personnelle de s'obliger se présumera facilement dans les contrats de bonne foi, le juge pourra donc suppléer à l'omission de la clause de porte-fort (2).

Dans la stipulation, au contraire, cette interprétation de volonté n'est plus possible ; on s'attache uniquement et rigoureusement aux termes employés et l'expression positive du fait d'autrui dans la formule de la stipulation entraîne cette présomption absolue que le promettant n'a pas voulu s'obliger (3). Il n'y a donc pas d'obligation (4).

« *Nemo alteri stipulari potest* » :

De même que je ne puis promettre pour un tiers, de même je ne puis rendre un tiers créancier en vertu d'un contrat dans lequel il n'aurait pas été partie (5).

---

(1) L. 16, § 1. Dig. *Ratam rem haberi et de ratihab* : l. XLVI, t. 8.

(2) L. 80, Dig. *De verb. oblig.*, l. XLV, t. 1.

(3) Accarias, t. II, n° 519.

(4) La clause de porte-fort, le *se effecturum* est sous-entendu dans la stipulation : *Aliquem sisti in judicio*, (l. 81 pr. *De verb. oblig.* l. XLV, t. 17), et dans la stipulation : *Ratam dominum rem habiturum* Inst pr. et § 3. *De satisdat*, l. IV, t. 11.

(5) Inst. §§ 4 et 19. *De inutilit. : stip.* : l. III, t. 19.

Soit la stipulation suivante : « *Spondes ne nihi te centum Titio daturum*, » une telle stipulation est nulle ; Titius n'est pas devenu créancier, car s'il m'a donné mandat nous sommes sous l'empire de la règle qui interdit la représentation, et s'il n'y a pas eu mandat, il doit en être de même *à fortiori*. Puis-je au moins réclamer pour moi le bénéfice de la stipulation ? Non, car j'ai stipulé pour un autre, je n'ai pas d'intérêt, ou du moins je n'ai pas d'intérêt pécuniaire, et si j'agissais en justice le juge ne saurait à quoi condamner le débiteur ; la stipulation est donc nulle : sans intérêt pas d'action. Mais, par *a contrario*, si mon intérêt existe, et s'il apparaît nettement dans la stipulation, j'aurai acquis un droit et je pourrai actionner valablement celui avec qui j'ai contracté. Il en sera ainsi si j'ai pris le soin d'ajouter une clause pénale à mon profit, car dans le cas d'inexécution de l'obligation principale, j'ai intérêt à réclamer le paiement de la *pœna*.

Tel dut être l'état du droit dans le principe.

Toutefois, le paragraphe 20 des Institutes (1) déclare que je puis stipuler pour autrui si cela est de mon intérêt, quand même cet intérêt ne serait pas exprimé dans la stipulation. « *Sed et si quis stipuletur alii, cum ejus interesset, placuit stipulationem valere* ». Mais il est visible qu'il y a là une extension au contrat de stipulation d'une doctrine qui ne dut être admise dans le début que pour les contrats de

---

(1) *De inutilit. stip.* : l. III, t. 19.

bonne foi (1). La loi 38, § 20 à 23 de *Verb. oblig.* (2) nous montre manifestement cette gradation qui fut suivie dans la réforme.

(1) Dans les contrats de bonne foi, et seulement dans quelques cas très-rares, un simple intérêt d'affection suffit pour rendre valable le contrat. La loi 54 Dig. *Mandati* nous en donne un exemple ; c'est un maître qui, en aliénant son esclave, impose à l'acquéreur l'obligation de l'affranchir ; le maître aura l'action *venditi* pour réclamer l'affranchissement. V. aussi l. 71. Dig. l. XXl, t. 1.

(2) L. XLV, t. 1.

CHAPITRE PREMIER

RESTRICTIONS DU DROIT CIVIL AU PRINCIPE DE LA NON REPRÉSENTATION

———

Bien que le principe de la non-représentation se trouve rarement énoncé dans les textes, son existence n'est cependant pas douteuse, *nihil per extraneam personam nobis adquiritur* (1) ; nous avons vu à quelles idées elle se rattachait. Toutefois, certaines restrictions à la sévérité de ce principe existèrent de tout temps ; elles ont leur source dans la constitution même de la famille romaine et dans le contrat de mandat. Nous les étudierons successivement.

§ 1er. — *Restrictions se rattachant à la constitution de la famille.*

Le type de la famille patriarcale se retrouve chez les Romains comme chez tous les peuples primitifs (2). La famille

---

(1) Inst. Lib. II. tit. 9. — Gaius, C. II, § 95.
(2) Fustel de Coulanges : *la Cité antique.*

est l'unité sociale qui formera en se développant et en se multipliant la gens, la curie, la cité ; elle est l'unité civile et l'unité religieuse. A la tête de la famille se trouve le *pater*, c'est en lui et à cause de lui que cette unité existe : il domine la femme par le sexe, les enfants par l'âge, l'esclave par sa qualité d'homme libre. En lui reposent tous les droits : femme, enfants, esclaves, tous lui sont soumis, car lui seul a la puissance, et c'est en sa personne que s'absorbent toutes les individualités qui se groupent autour de lui. Le fils, l'esclave acquièrent-ils quelque chose, le bénéfice du droit se fixe sur le *pater* et c'est le père qui est réputé avoir consenti par leur bouche, *vox filii vox patris* (1).

Gaius développe le principe : « *Igitur quod liberi nostri, quos in potestate habemus, item quod servi nostri, mancipio accipient vel ex traditione nanciscuntur, sive quid stipulentur, vel ex aliquá qualibet causá adquirant id nobis adquiritur : ipse enim qui in potestate nostra est nihil suum habere potest.* »

Ainsi donc le fils et l'esclave acquièrent pour le père de famille et cela est indépendant de leur volonté, mais en même temps ils sont incapables de rendre pire la condition du maître et ce résultat est indépendant de la volonté de ce dernier.

À part cette restriction, que le père de famille stipule en son nom ou au nom du fils et de l'esclave, que le fils et l'esclave stipulent en leur nom personnel ou au nom du *pater-*

---

(1) Inst. § 13; *De inut : stip* : liv. III, t. 19.

familias, le résultat est le même : la stipulation est valable au profit du *pater.*

Mais on comprend que par application de cette même idée il soit interdit à deux personnes qui se rattachent à la même puissance de contracter ensemble, et la raison en est qu'on ne peut être à la fois créancier et débiteur. Toutes stipulations entre le père et le fils seront donc nulles (1).

Il en sera de même si la stipulation a lieu entre personnes soumises au même lien de puissance.

Une différence ʼexiste cependant entre la stipulation du père contractant *nomine filii* et celle du fils contractant *nomine patris* ; quand le fils stipule pour le père, qu'il stipule un droit ou un fait, peu importe, le père aura l'action dans tous les cas, quand même le fait serait impossible pour pour le fils, s'il est possible pour le père, mais si le père stipule pour le fils il y a lieu de distinguer : le père peut stipuler un droit mais il ne peut stipuler un fait, car alors le fils devient un tiers et la règle *nemo alteri stipulari potest* s'applique dans toute sa rigueur.

« *Quod dicitur patrem filio utiliter stipulari quasi sibi ille stipularetur, hoc in his verum est quæ juris sunt quæque adquiri patri possunt ; alioquin si factum conferatur in personam filii inutilis erit stipulatio... Contra autem filius etiam ut ire patri liceat stipulando adquiret ei* (2). »

On comprend combien cette organisation de la famille et

(1) Les pécules indépendants permirent plus tard au fils d'acquérir une créance contre son père.

(2) L. 130. Dig. *De verb. oblig.* l. XLV, t. 1.

les conséquences qui en dérivaient devaient offrir d'avantages, dans le début, pour arriver à la représentation : le père acquiert directement sans cession aucune les droits et les actions qu'auraient pu avoir le fils ou l'esclave à raison du contrat qui est intervenu. Cette règle est tellement étroite que l'acquisition se fait à son insu ou contre son gré par cela seul que le *subjectus personæ* fait ce qu'il faudrait pour devenir lui-même propriétaire s'il était *sui juris* (1).

Il y a cependant deux modes d'acquisition de la propriété dont l'accès est interdit aux *alieni juris,* c'est l'*in jure cessio* et l'*adjudicatio* ; non pas que les paroles solennelles qui peuvent être prononcées ici soient incompatibles avec la qualité de *subjectus personæ,* mais parce que la procédure des *legis actiones* dont ces moyens d'acquérir sont des formes, s'y oppose absolument ; le fils ou l'esclave ne pouvant figurer dans un procès comme demandeurs : *Nemo alieno nomine lege agere potest* (2).

Le fils et l'esclave sont des instruments d'acquisition pour le *pater,* le bénéfice qu'ils peuvent lui procurer est la raison et la fin de leur capacité. Ils ne pourront jamais l'obliger, quand même l'obligation contractée serait la con-

(1) Accarias, Précis de droit romain, t. 1, nº 295.

(2) Gaius, C. II, § 96. C. III, § 167. — Le fils de famille ne pourrait pas davantage figurer comme défendeur dans l'*in jure cessio* : car le défendeur est celui qui aliène et le fils ne peut aliéner. Quant à l'esclave une autre raison l'en écarte ; l'homme libre citoyen romain peut seul figurer dans la procédure des *legis actiones,* or l'esclave n'a pas de personnalité juridique.

séquence d'un plus grand bénéfice ou que telle serait la volonté du maître (1).

Quant aux conditions de capacité, elles s'apprécieront à la fois dans la personne du maître et dans celle du fils ou de l'esclave qui contracte : tout ce qui rattache au droit s'envisagera dans la personne du père, mais les conditions de fait devront se trouver réalisées chez celui qui a contracté. Les paroles solennelles ont-elles été prononcées, le consentement a-t-il été entier, s'est-on accordé sur l'objet de l'obligation, voilà des éléments de fait ; le maître pouvait-il devenir propriétaire, pouvait-il, au moins, employer la la forme de contracter qui a été suivie, cela dépend de sa qualité (2). De la il résulte encore que l'esclave ne pourra pas stipuler *post mortem domini*, puisqu'il en résulterait que le maître aurait stipulé *post mortem suam* (3), mais il pourra valablement stipuler *post mortem suam* et la stipulation valable s'entendra en ce sens que le maître a stipulé *post mortem alterius.*

Tels étaient les principes du droit civil, ses conséquences pouvaient être parfois très rigoureuses. Ainsi le père a commis un dol, le fils ou l'esclave n'y a pas participé, faudra-t-

(1) L. 133. Dig. *de Regulis juris.* l. IV t. 17. — L. 22. Dig. *de acceptitalione.* l. XLVI t. 4 ; L. 12 § 1 *de acq. et amitt. possessione.* l. VII t. 22.

(2) L. 12. Dig. *de contrahenda emptione.* Lib. XVIII, tit. I. *Fragmenta vaticana* § 57.

(3) La stipulation, *post mortem suam*, n'étant pas permise à Rome, l'assurance sur la vie n'était pas réalisable. Inst. § 13. Lib. III, t. XIX.

il dire que le tiers contractant ne pourra pas opposer le dol parceque c'est là un élément de fait qui ne doit pas s'apprécier chez le père ? De même si nous supposons un achat : la chose est frappée d'un vice rédhibitoire, le père connaissait le vice, mais le fils l'ignorait, le père exercera-t-il valablement les actions *édilitiennes*? Non répond Ulpien, dans ces deux cas le père sera repoussé et cela se comprend aisément, car si le maître agit en justice, comme *l'intentio* de la formule sera rédigée en son nom, on pourra valablement lui opposer le dol et la faute qui lui sont personnels (1).

Nous avons examiné jusqu'ici d'une façon générale l'application du principe des acquisitions par personnes en puissance, sans rencontrer de différence entre la situation du fils de famille et celle de l'esclave ; ces différences existent cependant.

Toutes d'ailleurs se rattachent à ce principe plus général que le fils de famille est une personne, tandis que l'esclave est une chose, qu'ainsi le fils est susceptible d'une capacité personnelle, tandis que l'esclave n'en a aucune.

A la différence de l'esclave, si le fils de famille a contracté une obligation, cette obligation ne sera pas nulle. Le *paterfamilias* n'en sera pas tenu, il est vrai, mais le fils sera obligé (2).

« Le fils peut être actionné, condamné et contraint à l'exécution pour ses obligations.

---

(1) L. 4 §17. Dig. *de doli mali except.* l. XLIV t. 4.

(2) L. 141 § 2. Dig. *de Verb. oblig.* l. XLV t. 1. L. 39. Dig. *De oblig. et act.*, l. XLIV, t. 7.

Il n'est pas nécessaire d'attendre pour cela qu'il soit devenu chef par la mort de son père : c'est du vivant du père, pendant que le fils obligé est encore soumis à la puissance que les poursuites contre lui peuvent avoir lieu...

Il n'est pas nécessaire de supposer que le fils de famille ait des pécules à lui ; sans doute, s'il en a, le paiement du créancier en sera plus assuré ; mais n'eut-il rien, les voies d'exécution contre sa personne restent, et de même que le père de famille, s'il ne voulait payer la dette née d'un délit commis par son fils, devait, dans l'ancien droit, se résigner à faire l'abandon noxal de son fils ; de même, s'il ne voulait bénévolement quoique n'y étant pas obligé en personne, payer les dettes contractées par son fils, il devait se résigner à voir exercer contre ce fils la *manus injectio*, avec toutes ses conséquences, qui pouvaient aller jusqu'à faire vendre ce fils comme esclave à l'étranger, *trans Tiberim* (1). »

La capacité de contracter réside donc dans le fils de famille, l'esclave au contraire l'emprunte au *paterfamilias*. De là il résulte que l'esclave ne peut contracter une obligation qui soit valable en droit civil, que le *servus sine domino* ne peut rien acquérir (2) et qu'enfin, s'il en est autrement pour l'esclave d'une hérédité jacente, c'est par suite d'une fiction de droit qui fait réputer vivante encore la personne du défunt.

---

(1) Ortolan. *Explication historique des Instituts*. T. 3, n° 1300.

(2) L. 36. Dig. *de Stip. servorum*, l. XLV t. 3. L. 73 § 1 *de verb. oblig.* l. XLV t. 1.

L'esclave ne peut pas promettre qu'il ait un maître ou qu'il n'en ait point, le principe est formel :

« *Sed servus quidem non solum domino suo obligari non potest sed ne alii quidem ulli, filii vero familias alii obligari possunt* (1). »

En ce qui concerne les acquisitions, si l'esclave appartient en commun à plusieurs propriétaires, le bénéfice de l'opération se divise entre eux, suivant leur part de propriété (2), mais un seul en profiterait si l'esclave avait stipulé pour lui *nominatim* (3) ou si lui seul pouvait acquérir.

Un esclave sur lequel pèse un droit d'usufruit acquerra au nu-propriétaire, à moins toutefois que l'acquisition ne provienne *ex re fructuari*, car dans ce dernier cas l'acquisition rentrant dans l'*usus*, l'usufruitier doit en profiter.

La possession de bonne foi produira les mêmes effets, et l'homme libre possédé comme esclave acquerra pour le possesseur soit *ex re ejus* soit *ex operis suis*, parcequ'il est de principe que les fruits appartiennent au possesseur de bonne foi.

Quant au fils de famille, le principe est le même. Que le fils stipule pour lui ou au nom de son père, le bénéfice du droit va toujours se confondre dans le patrimoine commun, mais il est à remarquer que le fils de famille ne peut jamais acquérir pour d'autres que pour son père s'il agit en

(1) Inst. § 6. *De Inutil. stipul.* L. III t.19 . Gaius. C. III § 104.

(2) Gaius. C. III § 167.

(3) Loi 1 § 3. Dig. l. III t. 17.

cette qualité de fils de famille, et que les diverses situations que nous venons d'examiner en ce qui concerne l'esclave ne se présenteront jamais pour lui ; car celui qui croirait avoir sur un homme libre la puissance paternelle, commettrait une erreur trop peu excusable pour qu'elle fut digne de protection (1).

De plus, si le fils est susceptible d'obligations, il est aussi susceptible de droits. C'est ainsi que si le bénéfice de la stipulation ne peut se fixer sur le *pater*, le fils de famille qui a stipulé le recueillera ; que l'*adstipulatio* lui est permise en ce sens qu'il peut valablement jouer le rôle d'*adstipulator* (2), tandis que l'esclave ne le peut point ; et que, plus tard, lorsque furent créés ces pécules indépendants, pécules castrens et quasi castrens qui n'existèrent jamais pour l'esclave, on reconnut au fils de famille le droit le plus complet de stipuler à raison de ce pécule et d'acquérir même des créances contre son père (3).

Si ce moyen de contracter par personnes en puissance, si cette représentation embryonnaire était utile aux personnes capables, elle l'était bien plus encore aux incapables, c'est-à-dire aux pupilles, aux *furiosi* et aux personnes morales.

Les pupilles placés par la loi romaine à la tête de leur

(1) L. 44 pr. *De usurp. et usuc.* l. XLI t. 3. L. 50 pr. *de acq. vel amit. possessione.* l. LXI t. 2.

(2) Gaïus, C. III, § 14.

(3) L. 15, § 1 et 2. Dig. *De castrensi peculio.* l. XLIX, t. 17.

patrimoine, chefs de famille en un mot, avaient donné lieu à cause de leur inexpérience des affaires et de leur incapacité naturelle à l'organisation de la tutelle; mais le tuteur est borné dans ses moyens d'action précisément parceque l'impossibilité de représenter son pupille le met dans cette alternative fâcheuse ou de négliger certains actes peut-être très-profitables au mineur ou de les passer en son nom et d'en assumer temporairement toute la responsabilité. Il y avait bien, à vrai dire, la ressource de l'*auctoritas*; et grâce à ce moyen, le pupille traitant directement avec les tiers, le tuteur donnant l'*auctoritas*, le contrat était parfait. Mais cela suppose que le mineur est présent et qu'en tous cas il est sorti de l'*infantia*, capable par conséquent de prononcer les paroles solennelles.

Pour les personnes morales, villes, cités, etc., il n'est plus même question d'obstacle temporaire, l'empêchement est absolu et perpétuel.

L'esclave fournissait dans ces deux cas, au tuteur comme à l'administrateur une puissante ressource : l'esclave contractera et acquerra pour son maître : on instituera l'esclave dans le testament et le bénéfice de l'hérédité passera immédiatement sur la tête du propriétaire, etc., etc.

Par ce procédé facile et précieux, le tuteur comme l'administrateur pourront faire en sorte que le résultat de l'opération se fixe immédiatement sur la tête de l'incapable sans être obligé de résider, même un instant de raison, sur leur personne ; mais le même inconvénient que nous avons signalé plus haut gênait singulièrement l'utilité pratique de la

stipulation des esclaves. C'est qu'en effet l'esclave est incapable de rendre pire la condition de son maître et de l'obliger. Or les contrats sont rares qui procurent uniquement un
bénéfice à celui qui les passe ; il arrive, le plus souvent, que
des obligations réciproques sont la corrélation des avantages
que chacun croit trouver en contractant, en d'autres termes,
la plupart des contrats sont synallagmatiques.

Les conséquences de l'acte passé par l'esclave se divi-
saient, il est vrai, et l'incapable ne pouvait jamais qu'en profiter, puisque jouissant des conséquences qui lui étaient favorables, il ne pouvait jamais être actionné à raison des obligations qu'aurait contractées l'esclave agissant en son nom,
mais l'on comprend que les tiers n'étaient guère engagés à
traiter dans ces conditions et à accepter en échange d'une
perte certaine résultant de l'exécution par eux de l'obligation à leur charge, un gain aléatoire ; aléatoire, en effet, car
si le pupille peut, sa majorité atteinte, ratifier les obligations
contractées par lui pendant sa minorité, il ne peut, en aucune
façon, y être contraint ; et ce n'est que plus tard que voyant
l'injustice d'un semblable résultat le préteur vint y apporter
remède.

§ 2. — *Du mandat.*

Le mandat est un contrat consensuel par lequel une personne s'engage envers une autre personne à accomplir un
ou plusieurs actes gratuitement, c'est-à-dire sans rien recevoir comme sans rien débourser.

Grâce à ce contrat qui fut connu à Rome de bonne

heure (1) les grands inconvénients du défaut de représentation tendaient à disparaître : ne pouvant accomplir un certain acte, je charge un mandataire, *procurator*, de l'accomplir pour moi ; un contrat se forme entre le mandataire et le mandant, contrat qui va produire des effets spéciaux aux parties en cause, et s'il est vrai qu'à ce moment-là même, l'obligation de faire qui se trouve créée soit seulement à la charge du mandataire, d'autres obligations naîtront dans la suite à la charge du mandant et feront l'objet de l'action *mandati contraria*.

La sphère d'application du mandat est très vaste puisque la fonction de celui qui l'accepte consiste à *negotia gerere*, *negotia administrare* (2). C'est un contrat consensuel ; il peut être général ou spécial, avoir même pour objet un travail manuel, pourvu que celui qui l'accomplit ne soit pas salarié, car la gratuité est de son essence (3). Il faut d'ailleurs que

(1) Le mandat exista dans les mœurs longtemps avant d'être sanctionné comme contrat : « *Olim enim talis non erat sed tantum negotium quod inter amicos intercedere solebat et non obligationem perfectam, cum coactionne conjunctam, producebat, sed imperfectam, quia contra honestatem et leges amicitiæ peccare videbatur qui amici spem destitueret.* » (Heineccius : *Recitationes*. Lib. III, tit. XXVII).

C'est encore du mandat que Plaute et Térence nous parlent dans ces vers :

    « *Hæc per dexteram tuam, te dextera retinens manu,*
    » *Obsecro, infidelior mihi ne fuas, quam ego sum tibi.* »
(Plaute : Captiv. v. 376 et 377).

    « *Cedo dextram : porro te oro idem ut facias Chreme.* »
(Térence : *Heautont*. Act. III, sc. I).

(2) L. 1 pr. Dig. *De procur. et défens*. l. III, t. 3.

(3) Inst. § 13. *De mandato*, l. III, t. XXVI ; L. 1, § 4. Dig. *Mandati*. l. XVII, t. 1.

l'acte à accomplir n'exige pas comme le testament ou la *cretio testamenti* la présence réelle des vrais intéressés.

Nous n'avons pas à entrer dans l'étude des diverses sortes de mandats qui peuvent intervenir : la règle est que l'intérêt .du mandant doit toujours être en jeu : sans intérêt, pas d'action :

Mandati actio tunc competit, cum cœpit interesse ejus qui mandavit; cæterum si nihil interest, cessat mandati actio et eatenus competit quatenus interest (1).

Nous négligerons également l'étude des conditions de capacité que doivent réunir les contractants et nous envisagerons uniquement le mandat dans les effets qu'il produit soit entre les parties soit à l'égard des tiers.

Je charge Titius de m'acheter un cheval, Titius accepte le mandat et traite avec Mœvius à cet effet. Quels seront mes droits vis-à-vis de ce dernier, et quels droits le tiers vendeur aura-t-il contre moi ? Pourra-t-il, à défaut de paiement, exercer contre moi l'action *venditi* et l'effet du mandat aurat-il été de faire passer sur ma tête toutes les conséquences passives des actes de mon *procurator* ; et de mon côté pourrai-je exercer contre ce tiers l'action *ex empto* pour obtenir l'exécution des engagements qu'il a pris, et s'il a transmis à mon mandataire la propriété de l'objet vendu serai-je devenu immédiatement propriétaire, *omisso medio*, sans qu'une nouvelle translation de propriété soit nécessaire ? En aucune façon, le principe de la non-représentation que nous avons énoncé plus haut s'y oppose : *Nihil per extraneam personam*

(1) L, 8 § 6, Dig. *Mandati vel contra.* l. XVII, t. 1.

nobis adquiritur ! Et cependant le but qu'on se propose est d'arriver à ce résultat, comment l'atteindra-t-on ?

N° 1. — EFFETS DU MANDAT A L'ÉGARD DU MANDANT ET DU MANDATAIRE.

Dans les rapports du mandant et du mandataire deux actions sont données à l'effet de garantir les obligations qui naissent du contrat : par l'action *mandati directa*, le mandant demandera au mandataire l'exécution de ses engagements et la reddition de compte, suite nécessaire de l'opération ; par l'action *contraria*, le mandant sera tenu d'indemniser le mandataire de toutes les conséquences passives qu'il aura supportées ou qu'il devra supporter, le garantir contre toute espèce de trouble postérieur, prendre, en définitive, à sa charge, toutes les suites de l'opération (1).

Le mandat étant un contrat de bonne foi doit être exécuté par le mandataire dans le temps voulu et les pouvoirs donnés ne doivent pas être dépassés (2). Mais qu'arrivera-t-il si l'acte a été fait à des conditions plus onéreuses que ne le voulait le mandant ?

Il faut distinguer, dans ce cas, suivant que l'opération est divisible ou non.

Je vous ai donné mandat de me cautionner pour 150, vous me cautionnez pour 200 ; l'opération est divisible, vous

(1) L. 11. Code *Mandati*, l. IV, t. 25.
(2) L. 8 § 10. Dig. *Mandati vel contra*, l. XVII t. 1.

n'aurez action contre moi que pour 150, l'acte ne sera pas nul pour le tout :

Rogatus ut fidejuberet si in minorem summam se obligavit, recte tenetur, si in majorem, Julianus verius putat quod a plerisque responsum est, eum qui majorem summam, quam rogatus erat, fidejussisset, hactenus mandati habere actionem, quatenus rogatus esset : quia id fecisset quod mandatum ei est : nam usque ad eam summam, in quam rogatus erat, fidem ejus spectasse videtur, qui rogavit (1).

La loi 5 pr. *Mandati* semble cependant contraire à cette opinion : « *Nam qui excessit, aliud quid facere videtur ;* » mais nous pensons que Paul rappelle, dans cette loi, la rigueur possible du vieux droit et que toute autre était la doctrine de son temps et de l'époque classique.

Vous me chargez d'acheter un fonds au prix de 100 fr., je le paie 110, puis-je vous forcer d'accepter l'affaire pour 100, consentant à supporter le surplus du prix réellement payé. Ici l'opération n'est plus divisible, et la controverse était très-vive entre les Sabiniens et les Proculiens : les Sabiniens pensaient que le mandant ne peut jamais être tenu à raison d'un acte fait contrairement à ses instructions. S'il en était autrement, disaient-ils, il y aurait entre la situation du mandant et celle du mandataire une inégalité choquante ; car, d'un côté, ce dernier pourrait, en supportant pour sa part une perte minime, forcer son mandant à supporter les conséquences fâcheuses d'une opération dont le hasard

(1) L. 33. Dig. *Mandati*, l. XVII, t. 1.

l'avait affranchi et, d'un autre côté, le mandant ne pourrait jamais s'approprier l'affaire, quand même il offrirait de payer le prix réellement déboursé, si le mandataire prétend avoir agi pour son propre compte :

Quod si pretium statui, tuque pluris emisti, quidam negaverunt te mandati habere actionem, etiamsi paratus esses, id quod excedit remittere : namque iniquum est non esse nihi cum illo actionem, si·nolit : illi vero si velit mecum esse (1).

Les Proculiens, pensaient au contraire, et Justinien approuve leur doctrine comme plus bienveillante et plus équitable, *benignior*, que le mandataire pouvait ainsi forcer son mandant à accepter l'opération au prix qu'il avait lui-même fixé : « *Sed Proculus recte eum usque ad pretium statutum acturum existimat : quæ sententia sane benignior est* » (2).

Par application de cette doctrine qui a prévalu ; si je vous donne mandat de vous obliger à terme et que vous vous obligiez purement et simplement, vous n'aurez action contre moi qu'à l'expiration du terme, car le mandant ne peut jamais être obligé sans le vouloir :

Præterea in causâ mandati etiam illud vertitur ut interim nec melior causa mandantis fieri possit, interdum melior; deterior vero nunquam (3).

Le mandataire ne répond, d'ailleurs, que de sa faute

(1) L. 3, § 2. Dig. *Mandati vel contra*, l. XVII, t. 1.

(2) L. 4, 33, Dig. *Mandati vel contra*, l. XVII, t. 1. ; l. I, § 4, Dig. *De verb. oblig.*, l. XLV, t. 1.

(3) L. 8, § 8. Dig. *Mand. Coll. leg. mos.*, t. X, *Cap.* II, § 3.

lourde et de son dol, et cela se comprend puisqu'il remplit un office d'ami (1) ; mais, plus tard, sa responsabilité fut étendue même à la faute légère et on exigea de lui l'*exacta diligentia*. Cette réforme coïncida, probablement, avec l'habitude qui fut prise de salarier le mandat dont l'analogie avec le louage de services, devenait dès lors plus étroite (2).

Ainsi donc, en supposant l'exécution fidèle et exacte du mandat, la condamnation dans l'action *mandati directa* sera égale à la valeur de l'obligation que le mandataire a acquise contre les tiers et de même le mandataire obtiendra par l'action *contraria* exactement le remboursement de ce qu'il aura dû payer pour le compte du mandant.

Pour transporter dans la personne du mandant les bénéfices résultant de l'opération, le mandataire usera des moyens que le droit civil met à son usage, s'il s'agit d'un droit de propriété il devra manciper la chose ou en opérer la tradition (3). S'agit-il d'un droit de créance, l'action devra être cédée (4).

De là une complication d'actions qu'il est facile de prévoir.

La théorie de la possession apporta de bonne heure un remède à cette situation en simplifiant l'exécution des contrats.

---

(1) L. 23, Dig. *De Regulis juris*, l. L, t. 17.

(2) L. 3 pr. Dig. *Mandati vel contra*, l. XVII, t. 1 ; L. 5, § *Ult. eod tit.*

(3) L. 8, § 10, Dig. *Mandati vel contra*, l. XVII, t 1.

(4) L. 45 pr. et § 4, Dig. *Mandati.*

La possession se compose, en effet, de deux éléments distincts : le *corpus* et l'*animus* : le *corpus*, élément de fait ou détention réelle de la chose ; l'*animus*, élément de droit ou volonté de faire sur la chose possédée, tous les actes de propriétaire. Or, si nous devons posséder *animo nostro*, nous pouvons posséder *corpore alieno*, c'est-à-dire par l'intermédiaire d'un tiers qui reconnaisse la précarité de son titre et détienne pour nous. A la différence de la propriété, la possession peut être acquise *per extraneam personam :*

Ea quæ civiliter adquiruntur, per eos qui in potestate nostra sunt, adquirimus, veluti stipulationem ; quod naturaliter adquiritur, sicuti est possessio, per quemlibet, volentibus possidere ; adquirimus (1).

Il suffit pour cela :

1° Que le représentant appréhende la chose avec l'intention de rendre le représenté possesseur (2) ;

2° Que le représenté veuille acquérir la possession : « *Ignoranti possessio non adquiritur* » (3). Cette dernière condition est essentielle : si le maître n'a pas consenti au début de l'opération, la possession ne lui est acquise que du jour où il ratifie.

Telle fut du moins la rigueur des premiers principes, *nihil per extraneam personam nobis adquiritur ;* on jugea bon

---

(1) L. 51. Dig. *De adquirenda vel amittenda possessione.* l. XLI, t. 2 ; L. 13, Dig. *De adquirendo rerum dominio.* l. XLI, t. 1.

(2) L. I, § 9. Dig. *De adq. rer. dom.*, l. XLI, t. 1.

(3) L. 24, Dig. *De Negotiis gestis.* l. III, t. 5 ; L. 42, § 1. *De adquir : vel amitt. poss,* l. XLI, t. 2.

plus tard, de faire exception à cette règle en matière de possession et l'on décida que l'*animus* manifesté par le mandant même avant l'appréhension matérielle de la chose suffit à lui faire acquérir la possession dès le jour où son mandataire est investi du *corpus*. Toutefois cette exception ne fut pas admise du premier coup ; Ulpien nous présente encore la question comme douteuse ou du moins comme controversée encore à son époque : *De eâ possessione enim quæritur anne per liberam personam nobis adquiratur*; un rescrit des empereurs Septime-Sévère et Caracalla vint trancher le débat(1), et voilà pourquoi Justinien s'exprime nettement sur ce point de la façon suivante : « *Ex his itaque apparet per liberos homines quos neque nostro juri subjectos habemus, neque bona fide possidemus, item per alienos servos in quibus neque usum fructum habemus, neque possessionem justam, nullâ ex causâ nobis adquiri posse. Et hoc est quod dicitur per extraneam personam nihil adquiri posse excepto eo quod per liberam personam veluti per procuratorem, placet non solum scientibus sed et ignorantibus nobis adquiri possessionem secundum divi Severi constitutionem.....* » (2).

On comprend dès lors que si le tiers contractant a exécuté

(1) L. 1. *Cod. de acq. vel retimendâ possessione.* l. VII, t. 32.

(2) Inst. § 5. *Per quas pers. nob. adquir.* II. 9.

Quant aux mandataires généraux qui tiennent leurs pouvoirs non pas de la volonté de celui pour qui ils agissent, mais de la loi, eux aussi pourront acquérir la possession pour autrui. Les tuteurs, curateurs, administrateurs des cités trouveront dans ce procédé une ressource puissante.

L. 1 §§ 20 et 22. Dig. *De acq. vel. amitt. poss.* l. XLI, t. 2

le contrat et que l'objet de ce contrat soit susceptible de possession, le mandant qui aura donné l'ordre sera devenu immédiatement possesseur *animo suo*, puisque l'*animus* réside en sa personne ; *corpore alieno*, puisque son mandataire aura reçu le *corpus* pour lui ; et par cette possession protégée soit par les interdits, soit par l'action publicienne on arrivera facilement à la propriété qui est le but définitif.

Mais, on le voit, s'il y a là encore un progrès, il est loin d'être complet ; que le tiers se refuse à exécuter le contrat et le mandant va se trouver sans action directe contre lui, car il n'a pu acquérir aucun droit ni aucune action contre ce tiers du chef de son mandataire. Etant incorporels, les droits comme les créances, ne sont pas susceptibles de possession, leur appropriation matérielle échappe à la pensée : « *Si igitur procurator non sibi, sed ei cujus negotia administrabat, redintegratæ rei vindicationem pactus est, idque factum stipulatio insequuta est, nullo domino obligatio adquisita est* » *(1)*. Il faudra donc qu'une cession intervienne entre le mandant et le mandataire ; nous verrons, plus loin, comment elle peut se réaliser. Notons cependant que cette cession est ici obligatoire, le mandataire ne saurait s'y refuser, l'action *mandati directa* est donnée contre lui à cet effet. C'est là un point important à noter dès maintenant, car cela explique comment, plus tard, lorsque fut admise la cession de plein droit fondée sur cette idée qu'on ne saurait s'opposer à une cession obligatoire, cette cession ne pouvait se réa-

(1) L. 1. Code. *Per quas personn. nob. adq.*, l. IV, t. 27.

liser au profit des tiers qui ne sont reliés au mandant par aucun lien de droit (1),

N° 2. — EFFETS DU MANDAT A L'ÉGARD DES TIERS.

Les tiers ne peuvent se prévaloir des effets du mandat ni prétendre actionner directement le mandant à raison des actes de son *procurator* intermédiaire de sa volonté. Le mandataire s'est engagé personnellement, c'est contre lui seul que les tiers ont acquis des droits (2) ; et cela se comprend, car le bénéfice du droit se limite, comme les obligations qui en résultent, aux seules parties contractantes. Par conséquent si, d'un côté, le mandataire doit céder au mandant les actions qu'il a contre le tiers, de l'autre, il doit céder au tiers les actions qu'il a contre le mandant, s'il veut que les effets du contrat se réalisent en dehors de lui.

Dans le cas de vente, par exemple, le mandataire pourrait seul exercer l'action *venditi,* mais réciproquement il serait seul tenu de l'éviction et des vices rédhibitoires, même après qu'il aurait cessé de s'occuper des affaires du mandant (3). De même dans le cas d'achat, les actions de garan-

---

(1) Nous verrons plus loin, comment on arriva cependant au même résultat et comment on parvint à reconnaître au tiers le droit d'agir directement contre le mandant, il nous suffit de constater ici la raison de cette différence que nous observerons en examinant la cession d'action.

(2) V. *suprà* n° 1. Effets du mandat à l'égard du mandant et du mandataire.

(3) L. 5 § 4. Dig. *De doli mali except.* l. XLIV, t. 4.

tie, l'action *ex empto* seraient exercées par le mandataire seul et réciproquement, il serait seul poursuivi pour le paiement du prix (1).

La théorie de la possession trouvera ici encore sa part d'application : l'aliénateur peut être représenté dans les modes non solennels et l'objet livré par le mandataire en vertu de la volonté expresse ou même tacite du propriétaire, passe immédiatement en la possession de l'acquéreur (2). Suivant la marche régulière des choses, les tiers devraient agir contre le mandataire, lequel exercerait contre le mandant l'action *contraria mandati*, et de plus, le mandant agirait contre le mandataire par l'action *directa* aux fins que nous avons énumérées plus haut.

Dès lors, il parut inutile de faire intenter deux actions aux parties : un moyen plus simple est offert par la cession des actions : les tiers se feront céder par le mandataire les actions que celui-ci peut intenter contre le mandant, et le mandant se fera céder les actions que le mandataire pourra exercer contre les tiers : dans l'un et l'autre de ces cas, les demandeurs agiront en vertu de la cession qui leur aura été consentie.

N° 3. — CESSION DES ACTIONS QUI NAISSENT DU MANDAT.

Céder un droit, c'est transférer à un tiers le titre dont on est le sujet actif, c'est-à-dire dont on est investi vis-à-vis de

---

(1) L. 7. Code, *Si quis alt.* l. IV, t. 50, L. 49 § 2. Dig. *De adquir vel amitt. poss.* l. XLI, t. 2.

(2) Inst. § 42. *De divisione rerum*, l. II, t. 1. Gaïus comm. II, § 64.

l'objet du droit : cette cession n'était pas possible à Rome. C'est qu'en effet, ici encore, on se heurte au caractère personnel de l'obligation à ce *vinculum juris* tellement strict et intime qu'il est juridiquement impossible de le dissoudre sans que le rapport qu'il établit vienne immédiatement à disparaître (1). *Nomina adeo ossibus hominum inhærent ut nunquam separentur, non possunt separari a domino sicut nec anima a corpore* (2).

Toutefois le titulaire d'un droit peut très bien s'engager à transférer à un tiers le bénéfice pécuniaire attaché à son titre (3).

Pour arriver à ce résultat on éteindra le droit et on en créera un autre reposant sur la tête du nouveau créancier, c'est ce qui a lieu dans la stipulation novatoire : ... *nam quod mihi ab aliquo debetur, id si velim tibi deberi, nullo eorum modo quibus, res corporales ad alium transferuntur, id efficere possum; sed opus est ut, jubente me ; tu ab eo stipu-*

---

(1) S'agit-il d'un droit de propriété, le titulaire peut céder son titre à un tiers et l'investir de son droit de propriétaire; mais, en cela, les Romains pensaient qu'on cède plutôt la chose que le droit ;

S'agit-il d'un droit de servitude ou d'usufruit, le propriétaire du fonds dominant ou l'usufruitier ne peuvent les aliéner ;

S'agit-il d'un droit héréditaire, l'héritier testamentaire qui a fait addition ne peut céder son titre : *Semel heres, semper heres*; il ne peut que renoncer à l'hérédité et l'héritier *ab intestat* ou le substitué profitera indirectement de cette renonciation.

(2). *Glossa ad leg.* 16. Dig. *De peculio.* l. XV, t. 1 ; *ad leg* 3. Dig. *Pro socio.* l. XVII, t. 2; *ad leg.* 1. Code *Per quas pers.* l. IV, t. 27.

(3) Cela explique l'intitulé *De hereditate vendito*, au Digeste. l. XVIII, t. 4.

*leris : quæ res efficit ut a me liberetur et incipiat tibi te-
neri quæ dicitur novatio obligationis* (1). Le dessaisissement
et l'ensaisinement s'opéreront au même moment où les paroles seront prononcées. Alors le cessionnaire va être investi d'un droit nouveau, muni d'une action *ex stipulatu* qui
aura son *intentio* marquée en son nom, mais il faudra pour
que ce résultat soit atteint que le débiteur donne son consentement. C'était là un inconvénient; aussi imagina-t-on un
procédé plus simple destiné à triompher de ses résistances,
c'est le cas de la *procuratio in rem suam*. Le *procurator in
rem suam*, cessionnaire, intentera contre le débiteur une
action dont l'*intentio* sera rédigée au nom du créancier tandis que la *condemnatio* portera son nom à lui cessionnaire.
La cession sera opérée par la *litis contestatio* : « *(Intentio) Si
paret N^m N^m Publio Mævio sest : X. M. dare oportere. — (Condemnatio) Judex, N^m N^m Lucio Tiuo X. M. condemna.* (2). »
Le droit que la formule éteint est au nom du mandant ; le
droit que la formule fait naître le *condemnari oportere* est
au nom du mandataire.

Par l'effet de cette *procuratio in rem suam* le *procurator*
est considéré comme le maître de l'affaire : le cédant qui in-
tenterait l'action, se verrait opposer par le débiteur l'exception de dol (3).

Il y a ici encore un progrès, puisque le bénéfice de la

(1) Gaïus. *Comm.* II, § 38.
(2) Gaius. *Comm.* IV, § 86.
(3) L. 16. Dig. *de pactis*, l. XI t. 14.

cession peut être obtenu sans le consentement du débiteur. Si en effet ce débiteur se refuse à la *litis contestatio* le *missio in bona* pourra être prononcée contre lui, mais ce progrès n'est pas complet: la *procuratio in rem suam* ne peut s'appliquer aux créances à terme ou conditionnelles et de plus le cédant restant investi de ses droits jusqu'à la *litis contestatio* pourrait toujours enlever au cessionnaire le bénéfice de la cession qu'il lui a consentie en remettant la dette, en recevant le paiement, ou en retirant la procuration. Un intervalle s'écoulait nécessairement entre la convention et le procédé de cession et cet intervalle, on le voit, pouvait être très nuisible.

Il semblerait qu'en vertu de cette cession d'actions, le mandataire dût être déchargé de toute responsabilité, il n'en est rien : supposons, en effet, qu'entre le moment où le mandat a été confié et celui où l'affaire a été réalisée, le mandant devienne insolvable, il est clair que l'action *contraria mandati* ne pourra plus être exercée avec chance de succès ; d'autre part, les tiers qui ont contracté avec le mandataire pourront toujours exercer contre lui l'action du contrat ; action qu'ils n'abandonneront pas pour un recours aléatoire contre la personne du mandant, que nous supposons en déconfiture.

D'un autre côté, que l'insolvabilité se manifeste dans la personne du mandataire, et le mandant va se trouver sans action contre les tiers avec lesquels il entendait traiter par l'intermédiaire de son *procurator ;* les actions et les droits que possède ce dernier vont se trouver compris comme tous

3

ses autres biens dans la liquidation qui sera faite, ils appartiendront au *bonorum emptor* et le mandant sera ainsi dépouillé peut-être totalement, d'un bénéfice légitime sur lequel il avait pu compter.

Les inconvénients pratiques du mandat sont donc encore très grands et si l'on joint à cela la rigueur de la jurisprudence romaine, qui déclarait infamante toute condamnation prononcée contre le mandataire, il est aisé de comprendre que la représentation n'ait pu être atteinte par ce moyen (1).

Nous verrons cependant, en examinant le dernier état du droit et en étudiant l'action *quasi institoire*, comment le préteur, par suite d'assimilations savantes qui lui sont habituelles, supprima la nécessité de cette double cession d'actions et remédia aux inconvénients que nous venons de signaler; mais le point important qui se dégage de cette

---

(1) Inst. § 2 *de pœn. tem. litig.* l. IV, t. 16 ; Gaius comm. IV § 182. — L. 1 et 6 § 5. *Dig. de his qui not. inf.* l. III, t. 2.

Cette sévérité montre l'influence de l'origine du mandat et du caractère religieux dont il était primitivement revêtu. Le mandant se confiait au mandataire : celui-ci prenant l'obligation de représenter le mandant, était considéré comme déshonoré s'il n'avait pas tenu rigoureusement sa promesse. S'il était incapable de bien remplir la mission qui lui était confiée, il devait refuser et ne pas faire naître une confiance à laquelle il ne pouvait répondre : « *Quid recipis mandatum, si aut neglecturus, aut ad tuum commodum conversurus es ? Cur mihi te offers, ac meis commodis, officio simulato, officis et obstas? Recede de medio ; per alium transigam. Suscipis onus officii quod te putas sustinere posse; quod minime videtur grave iis, qui minime ipsi leves sunt.* » (Cicéron. *Pro Roscio* n°s 38 et 39). Le Jolis. *Du mandat* n° 101.

étude du mandat est celui-ci : le mandataire est responsable
vis-à-vis des tiers, quelle que soit la cession de droits qu'il
leur consente, car chacun doit intervenir et agir pour soi-
même sur la scène juridique, la conséquence des actes s'applique immédiatement à celui qui remplit le rôle. Ce son[t]
des acteurs qui n'ont pas de doublure (1).

(1) Ortolan. T. 1, p. 63.

APPENDICE

La gestion d'affaires peut être considérée, comme le mandat, comme un moyen d'arriver à tourner le principe de la non représentation ; mais comme ce quasi-contrat suppose que le gérant a agi sans le consentement du maître et que les tiers ne peuvent, non plus, acquérir d'action contre celui dont l'affaire est gérée, il nous semble superflu d'en exposer les règles.

D'ailleurs, à supposer qu'on admette avec Ulpien (1) que la ratification du maître transforme la gestion en mandat, nous n'aurions qu'à rappeler ici les règles que nous venons d'étudier sans avoir à constater de progrès en matière de représentation.

(1) Cpr. L. 60 Dig. *de Reg. Juris,* l. L, t. XVII.—L. 9, 1. 6, § 9 *et seq. de Neg. Gest.* l. III, t. 5.

CHAPITRE II

MODIFICATIONS APPORTÉES PAR LE PRÉTEUR DANS
LA THÉORIE DES ACQUISITIONS PAR PERSONNES
EN PUISSANCE.

La représentation par les fils de famille était insuffisante
et incomplète puisque le patrimoine du père ne pouvait être
diminué par l'effet des obligations qu'ils auraient contractées;
d'un autre côté, le mandat, à raison de ses inconvénients
pratiques et de la rigueur de ses règles, n'offrait pas non plus
de remède à cette situation.

Il sembla, dès lors, injuste au préteur que si le père de
famille voulait s'obliger par l'intermédiaire de son fils et de
son esclave et qu'il leur donnât l'ordre d'agir en conséquence, il lui fut impossible d'arriver à ce résultat.

De même lorsque furent créés les pécules, et qu'à raison
de la confiance qu'il témoignait à son fils ou à son esclave
le père lui abandonnait la gestion d'une partie de ses biens,
on jugea bon de reconnaître à celui qui avait cette gestion
une certaine latitude de pouvoirs qui la rendit possible et
fructueuse.

Il était injuste, d'une part, que profitant des conséquences favorables d'un acte passé par un *subjectus personæ*, le maître put s'en prévaloir au détriment des tiers et qu'un enrichissement sans cause lui fut procuré par ce moyen.

Mais il était surtout contraire au véritable intérêt du *paterfamilias* que la sévérité des principes s'opposât à ce qu'il pût être obligé par les contrats qu'aurait passés une personne en sa puissance. Ce fut là, surtout, croyons-nous, le motif qui détermina le préteur à créer ces actions *adjectitiæ qualitatis* que nous allons maintenant étudier. Il est bien évident, en effet, que les tiers n'auront garde de traiter avec le fils s'ils ont la certitude qu'aucune action ne naîtra pour eux du contrat. Et de là il résulte que cette capacité du fils ou de l'esclave, qui existe en droit, doit avoir en fait bien peu d'applications pratiques.

§ 1. — De l'Action quod Jussu.

Les fils de famille comme les esclaves ne pouvaient rendre pire la condition du *pater*. Les actes juridiques s'envisageant non dans leurs conséquences définitives mais dans leur résultat immédiat, il était de règle que le fils comme l'esclave ne pouvait même sur l'ordre du *pater* constituer celui-ci débiteur, l'obliger, en un mot, même en vue d'un plus grand profit réalisable. Il y avait là un état de choses contraire à l'équité, contraire surtout au véritable intérêt du maître ; le préteur y remédia par l'action *quod jussu*.

Cette action est donnée contre le maître à raison des

contrats passés sur son ordre par ceux qu'il a en puissance :
« *Quoniam quodammodo cum eo contrahitur qui jubet* » (1).
Peu importe, d'ailleurs, qu'il s'agisse du fils ou de l'esclave,
de la fille ou d'une ancilla ; dans tous les cas, c'est la foi du
maître que le créancier a suivie, c'est avec lui qu'il contracte :
« *Si jussu domini ancillæ, vel jussu patris filiæ creditum sit,
danda est in eos quod jussu actio.* » (2).

Le *jussum* doit émaner du maître, propriétaire, usufruitier ou possesseur de bonne foi, et le maître doit être lui-
même capable de contracter : le pupille, par exemple, aura
besoin de l'*auctoritas tutoris* pour donner un *jussum* valable (3).

Le doute peut naître cependant, en ce qui concerne la
femme *sui juris* qui donne à son esclave l'ordre de s'obliger. Il semblerait, à première vue, qu'il y a dans ce fait un
acte que le sénatus-consulte Velléien doit prohiber, puisqu'il
défend à la femme la fidéjussion en faveur de son esclave.
La loi 26 *ad sénatus-consultum Velleianum* nous apprend cependant que la femme *sui juris* peut donner un *jussum* qui
l'oblige :

« *Si mulier, intercedendi animo, servum alienum
suum esse reponderit, quasi intercesserit auxilio senatus-con-
sulti utetur : plane si pro bano fide serviente sibi responderit,
non videtur intercessisse.* »

---

(1) L. 1. pr. Dig. *Quod jussu*, l. XV, t. 4.
(2) L. 2 § 1. Dig. *Quod jussu*, l. XV, t. 4.
(3) L. 1, §§ 7, 8, 9, L. 2, pr. et § 2, L. 4, *Quod jussu*.

Il n'y a pas contradiction entre ces deux décisions : si l'esclave, en s'obligeant, ne fait pas naître directement en lui l'action du contrat, et si le créancier est impuissant à demander la *solutio* de l'obligation parce qu'aucun lien civil ne s'est formé ; il est cependant certain qu'une obligation naturelle a pris naissance à la charge de l'esclave, obligation naturelle qui peut être cautionnée, garantie par un fidéjusseur ; or, l'on sait que la femme ne peut intervenir, à ce titre, dans aucune espèce d'acte. Il en est tout autrement lorsque c'est sur son ordre que l'esclave s'est obligé ; la femme a fait son affaire et non pas l'affaire d'un tiers, et c'est pour elle qu'elle a voulu acquérir par l'intermédiaire de son esclave. Le contrat n'est pas soumis, quant à son résultat, aux éventualités de l'avenir ; on sait, dès à présent, quel est le montant de l'obligation et quel est le bénéfice que l'on acquiert ; il n'y a donc pas là d'*intercessio*, on ne pouvait par conséquent interdire à la femme ce moyen de contracter.

Peu importe, d'ailleurs, de quelle façon le *jussum* est donné, que ce soit verbalement ou par écrit, avant ou après l'affaire (1).

L'action qui sera donnée contre le maître sera l'action née du contrat. Nous verrons en étudiant l'action *de peculio* comment sera rédigée la formule.

S'il s'agit d'un esclave possédé par plusieurs maîtres, l'action sera donnée *in solidum* contre chacun d'eux, en ce

_____

(1) L. 1, § 1, 3, 4, 6. Dig. *Quod jussu*, l. XV, t. 4.

sens que vis-à-vis des tiers, ils seront tenus comme des débiteurs corréaux au paiement intégral de l'obligation, sans pouvoir se retrancher derrière la fin de non-recevoir tirée de l'effet extinctif de la *litis contestatio*.

Nous verrons, à la fin de cette étude, quelle fut l'extension donnée par le préteur à cette action *quod jussu* ; elle fut restreinte dans le début au contrat du fils et de l'esclave ; le *jussum* donné aux tiers ne pouvait produire que le mandat.

§ 2. — *Action* de peculio.

Le père de famille pouvait, tout en conservant pouvoir sur son *alieni juris*, lui confier sous le nom de pécule, l'administration d'une part de ses biens, administration dont il était libre, d'ailleurs, de fixer les limites et l'étendue (1). Mais on comprend que cette administration eut été impossible, si le fils ou l'esclave n'avaient pu s'obliger tout au moins dans les limites de ce pécule. C'est là ce qui détermina le préteur à créer en faveur de cette situation une action spéciale, l'action *de peculio*, donnée contre le maître à raison des obligations contractées par le *subjectus personæ*.

De plus, il était contraire à l'équité que le père de famille put méconnaître l'obligation contractée par son fils ou son esclave, lorsqu'il en résultait pour lui un bénéfice appré-

(1) L. 7. § 1, l. 48, Dig. *De peculio*, l. XV. t. 1 ; L. 41, Dig. *De rei vindicatione*, l. VI, t. 1 ; L. 34, *De novat*, l. XLVI, t. II. — V. Plaute, *Mercator*, Act. I, *Sc.* I v. 95 ; Suétone, *In Tiber*. 15.

ciable ; l'action *de in rem verso* eut pour but de remédier à cet état de choses.

Ces deux actions n'en forment en réalité qu'une seule, pourvue de deux *condemnationes*, l'une *de peculio*, l'autre *de in rem verso* : « *Licet enim una est actio qua de peculio deque eo quod in rem domini versum sit agitur, tamen habet duas condemnationes* » (1).

Que doit-on entendre par pécule et que faut-il considérer comme *in rem versum* ? (2)

Le pécule est un fait, un petit patrimoine dont les éléments se modifient et dont l'unité subsiste ; en droit, c'est une partie du patrimoine commun appartenant, par conséquent, au maître; et à ce titre il pourra être compris dans la *venditio bonorum* ou dans le partage de la succession du maître.

Comme tout patrimoine, le pécule comprend un actif et un passif, c'est dans ces limites que le père sera représenté.

L'actif comprend tous les biens remis au fils ou à l'esclave à l'effet de les administrer et tous les droits qui résultent de cette administration, meubles, immeubles, créances et actions, peu importe. Je dépose une somme d'argent chez un fils de famille, pourrai-je intenter contre le père l'action *de peculio* à raison de ce dépôt? Non, répond Africain, car l'argent

(1) Inst. § 4, *In medio, quod cum eo*, l. IV, t. 7.

(2) Nous ne nous occupons ici que du pécule profectice commun au fils et à l'esclave et non des pécules indépendants : *castrense, quasi castrense* et adventice qui furent créés dans la suite et qui ne furent jamais soumis aux règles que nous établissons ici.

n'est pas entré dans le patrimoine domestique, n'a pas été transmis en propriété, il ne fait donc pas partie du pécule : « *Deposui apud filiumfamilias decem, et ago depositi de peculio : quamvis nihil patri filius debet, et hæc decem teneat, nihilo magis tamen patrem damnandum existimavit, si nullum præterea peculium sit : hanc enim pecuniam, cum mea maneat, non esse peculii ; denique quolibet agente de peculio minime dubitandum ait, computari non oportere.* » (1).

Le passif se composera de toutes dettes quelles qu'elles soient nées à l'occasion de l'administration du pécule, car le maître est présumé avoir promis d'exécuter toutes les obligations auxquelles ces engagements donnent naissance ; cette présomption est absolue, elle ne saurait être détruite par une manifestation de volonté contraire (2). Mais il faut que le titulaire du pécule n'ait pas dépassé les limites d'une sage administration ; ainsi, il est hors de doute que la donation ne sera pas permise à moins que le *pater* n'ait cru devoir l'autoriser (3). De même le fils à qui le *mutuum* est interdit par le sénatus-consulte macédonien ne pourra pas obliger son père à ce titre, mais le pécule garantira l'*intercessio* du fils, les obligations résultant de la tutelle qui lui aurait été déférée, de la dot qu'il aurait reçue, des fonctions publiques

---

(1) L. 38. Dig. *De peculio.* l. XV, t. 1.

(2) L. 29 § 1. Dig. *De peculio.* l. XV, t. 1 ; L. 47, pr. h. t.

()3 L. 7 pr. § 1, 2, 3. *De donationibus.* l. XXIX. t. 5 ; L. 8 § 5. *Quib. mod. pign. solv.* l. XX, t. 6.

qu'il aurait exercées, des condamnations qu'il aurait encourues, etc. (1).

De quelle façon le *pater familias* sera-t-il tenu ? La réponse à cette question dépend de la solution d'une question plus générale : Quelle est le caractère de l'obligation du père ?

Nous croyons que le *pater familias* est tenu d'une véritable obligation. On l'a nié, et l'on a prétendu que seul l'*alienis juris* est tenu ; sans doute, dit-on, le père peut-être actionné *de peculio*, mais il n'y a pas d'obligation derrière cette action.

L'intérêt de la question est le suivant : Supposons que le procès n'ait pas encore eu lieu, si l'on décide qu'il n'y a pas d'obligation, le père de famille est resté entièrement étranger à l'opération et, dès lors, il ne peut y participer.

On invoque à l'appui de ce système un texte d'Ulpien : Une obligation est née dans la personne du fils et l'acceptilation est consentie au père ; le fils, dit le texte, ne sera pas libéré, et cela, ajoute-t-on, parce que l'obligation n'existe pas dans la personne du père :

« *Filius familias promittendo, patrem civiliter non obligat, sed se obligat ; propter quod accepto rogare filiusfamilias potest, ut se liberet, quia ipse obligatus est : pater autem acceptum rogando nihil agit, quum non sit ipse obligatus sed filius.*

---

(1) L. 8 § 4. Dig. *De acceptilatione.* l. XLVI, t. 4.

Idem erit et in servo dicendum, nam et servus accepto liberari potest (1)... »

Nous pensons, au contraire, qu'une obligation existe à la charge du père et que c'est à raison de cette obligation qu'il peut être actionné. Ce qui le prouve, c'est que le père peut faire *suo nomine* un paiement pour le fils ou un pacte *de constitut* qui, tous deux, supposent des obligations personnelles préexistantes (2). Quant à l'acceptilation, si elle n'est pas possible de la part du père pour le fils, c'est que l'acceptilation suppose une obligation *verbis* à raison de laquelle elle intervient; or le père, dans l'hypothèse que nous envisageons, n'est pas tenu *verbis*.

Le père est donc tenu d'une véritable obligation; cette obligation est accessoire, car elle est la conséquence des actes faits par le *subjectus personæ*. De là il résule que l'obligation du père ne comprendra jamais plus d'étendue que l'obligation du fils. Par exemple, si le fils ou l'esclave était impubère et qu'il eut contracté, il ne serait tenu que jusqu'à concurrence de son enrichissement, à supposer qu'il fut *sui juris*; le père ne sera non plus tenu que dans cette mesure : « *Si cum impubere filiofamilias vel servo contractum sit, ita dabitur in dominum vel patrem de peculio si locupletius eorum peculium factum est* (3). »

---

(1) L. 3 § 10, L. 5 § 2, L. 36. |*De peculio.* l. XV, t. 1 ; L. 11. *De tut. et rat. distr.* l. XXVII, t. 3.

(2) L. 59. *De solutionibus.* Dig. l. LVI, t. 3.

(3) L. 91 § 45. Dig. *De verborum obligationibus.* L. XLV, t. 1.

Que faut-il décider en ce qui concerne la faute ? Si la faute procède de l'*alieni juris*, elle rejaillit contre le *pater*; car l'obligation principale est le type de l'obligation accessoire. Mais si la faute procède du père ou si la perte survient après sa mise en demeure, le fils est libéré; et comme l'accessoire ne peut survivre au principal, le père sera également libéré sans que le créancier puisse échapper, dans l'état du droit primitif, du moins, à cette conséquence rigoureuse (1).

L'*in rem versum* comprend le profit réalisé en dehors du pécule et qui s'applique au patrimoine propre du maître :

« *In rem autem domini versum intelligitur, quidquid necessario in rem ejus impenderit servus, veluti, si mutuatur pecuniam creditoribus ejus solverit aut œdificia ruentia fulserit, aut familiæ frumentum emerit, vel etiam fundum aut quamlibet aliam rem necessariam mercatus erit* (2), »

D'une façon générale on peut dire que si en supposant que l'esclave fut *sui juris* il pût exercer efficacement les actions *mandati* et *negotiorum gestorum*, l'*in rem versum* existe.

De là il résulte que le créancier est en quelque sorte privilégié sur la valeur dont s'est enrichi le patrimoine commun

(1) La conséquence est la même en matière de fidéjussion, lorsque la faute provient du fidéjusseur ou après sa mise en demeure. On réagit plus tard contre cette iniquité et le préteur accorda successivement, dans l'hypothèse que nous envisageons, l'action *de dolo* et la *restitutio in integrum*. (Accarias, t. 2, n° 882, note.)

(2) Inst.: § 4, *Quod cum eo*, l. IV, t. 7.

(3) Inst.: § 4, *Supr.*: cit.

puisqu'il ne sera pas tenu d'agir *de peculio* et de souffrir ainsi le concours de tous les autres créanciers (1).

L'action *de peculio*, comme l'action, *quod jussu*, n'est pas une action spéciale et distincte : c'est l'action du contrat revêtue de la formule *adjectice* et donnée contre le père *de peculio* ou de *in rem verso*.

Bien qu'on agisse par une seule action, il y a pourtant deux *condemnationes*, l'une *de peculio*, l'autre *de in rem verso* : le juge examinera d'abord si le maître a fait un profit, et si ce profit n'existe pas, il passera à l'appréciation du pécule : « *itaque judex apud quem de ea actione agitur ante despicere solet an in rem domini versum sit nec aliter ad peculii æstimationem transit quam si aut nihil in rem domini versum esse intelligatur, aut non totum* (2). »

Le nom du demandeur et celui du *paterfamilias* figureront dans cette *condemnatio* avec *taxatio duntaxat de peculio*.

Mais comment l'*intentio* devra-t-elle être rédigée, et, d'une façon plus générale quelle est la forme de l'action *adjectitiæ qualitatis* ?

L'*intentio* sera celle de l'action du contrat, dit une première opinion, et le nom du fils y figurera comme dans la *demonstratio* ; c'est seulement dans la *condemnatio* que se trouvera le nom du père.

Ce système se comprendrait si l'action directe existait

---

(1) On peut d'ailleurs agir isolément par l'action *de in rem verso* et cette action présente un réel intérêt lorsque l'action *de peculio* est éteinte par le laps d'une année.

(2) Inst.: § 4, *Supr.*: cit.

toujours, mais il n'en est pas toujours ainsi. Supposons que le titulaire du pécule soit un esclave, ou que le *subjectus personæ* soit mort lorsque le créancier veut intenter son action, on ne trouve plus ici d'action directe. On répond à cela que le juge insérera dans la formule une fiction *si liber esset, si moi tuus non fuisset* (1). Mais cette hypothèse ne s'appuie sur aucun texte.

Nous préférons nous rallier à une seconde opinion suivant laquelle l'*intentio* de l'action *de peculio* et des actions *adjectitiæ*, en général, sera conçue *in factum*. Cela est conforme à l'esprit du droit prétorien qui permettait au fils d'exercer les actions *in factum* et rend compte en même temps de la coexistence de certaines actions *in factum* à côté des actions *in jus* correspondantes (2).

On peut se demander quel sera l'effet de la *litis contestatio* sur l'action *de peculio*.

L'action pourra-t-elle être renouvelée jusqu'à ce que le créancier soit intégralement payé et, de plus, si le créancier a intenté contre le *subjectus personæ* l'action directe née du contrat, peut-il encore agir par l'action *adjectice* contre le *paterfamilias* ou, du moins, peut-il après avoir intenté l'action *de peculio* agir par l'action *quod jussu* ?

Il faut, pour résoudre ces diverses questions, remonter aux principes généraux ; or le principe est le suivant : *Bis*

(1) De Keller : *de la Procédure civile et des Actions chez les Romains,* Note 350.

(2) Gaius, C. IV, § 47 ; L. 13, Dig. *de Oblig. et Act.* l. XLIV, tit. 7.

de eâdem re non sit actio. Toutes les fois que la même affaire se reproduit en justice, le magistrat refuse l'action, et de là il résulte que toute poursuite ultérieure est éteinte dès qu'une seule action est mise en mouvement. *Is qui de peculio egit, cum posset quod jussu, in ea causa est, ne possit quod jussu postea agere* (1).

Quant à la question de savoir si l'action *de peculio* pourra être renouvelée après avoir été intentée une première fois, la solution dépend du parti que l'on prend sur cette autre question : la *taxatio* se trouve-t-elle placée dans l'*intentio* ou dans la *condemnatio*? On comprend, en effet, que si la *taxatio* se trouve dans l'*intentio*, la prétention du demandeur se trouvant restreinte dans les limites du pécule, le droit tout entier ne soit pas déduit en justice et, par conséquent, ne se trouve pas éteint pour le tout; au contraire, si la *taxatio* se trouve placée dans le *condemnatio*, l'*intentio* étant entière, le droit est absorbé complètement, l'action ne sera plus possible pour le surplus qui n'aura pas été obtenu.

On invoque à l'appui de ce dernier système la théorie des *præcriptiones pro actore* (2) et la loi 30, § 4, Dig. *de peculio* XV, 1. *Is qui semel de peculio egit rursus aucto peculio de residuo debiti agere potest.*

Ces arguments bien que très puissants ne nous paraissent cependant pas concluants. Rien ne prouve, en effet, que

---

(1) L. 4, § 5, Dig.: *Quod cum eo,* l. XIV, t. 5.
(2) Gaius, c. IV, § 130.

4

la limite dans laquelle doit être restreinte l'action se trouve dans l'*intentio*, tout porte à croire, au contraire, qu'elle devait se trouver dans la *condemnatio ;* l'expression *duntaxat* ne se trouve jamais que dans cette dernière partie de la formule.

Quant à l'objection tirée de la loi 30, *De peculio*, il n'est pas impossible d'y répondre : nous avons vu, en effet, que celui qui a agi *de peculio* ne peut plus agir *quod jussu*, et Ulpien ajoute :

Sed si deceptus de peculio egit, putat Celsus succurendum ei : quæ sententia habet rationem (1).

Le jurisconsulte fait ici allusion à la *restitutio in integrum* accordée par le préteur toutes les fois que la *consumptio* par *deductio in judicium* menait à un résultat injuste et il est naturel de penser que ce texte doit être rapproché de la loi 30 que nous avons citée, dont l'explication devient ainsi facile :

Si l'action *de peculio* est encore possible lorsque le pécule s'est accru et que la première action n'a pas donné toute satisfaction au créancier, c'est que précisément cette *restitutio in integrum* est accordée par le préteur contre le maître de l'*alieni juris*, et de là une nouvelle action *de peculio* qui s'exercera pour le reste de la créance : *rursus de residuo agere potest.*

Quant au pécule il s'apprécie, déduction faite de tout ce qui est dû au père ou aux personnes en puissance du père :

---

(1) L. 4, § 5. Dig. *Quod cum eo*, l. XIV, t. 5.

« *Quia prævenisse dominus et cum servo egisse credi-
tur* » (1).

Il y a plus et l'action née du contrat est si bien éteinte
dès qu'elle a été mise en mouvement, que le créancier ne
pourrait plus, après avoir exercé l'une des deux actions
qu'il possède, recourir à l'autre action pour le surplus de la
dette. Ulpien pose cette règle dans la loi 1, § 24, Dig. XIV,
1, au sujet de l'action exercitoire qui est, elle aussi, une action *adjectitiæ qualitatis* comme nous le verrons plus loin :
« *Hæc actio ex personâ magistri in exercitorem dabitur : ei
ideo, si cum utro eorum actum est, cum altero agi non potest.* »

La théorie de la représentation est donc en voie de progrès puisque le père de famille peut être obligé par ses
alieni juris, contrairement aux principes du vieux droit
civil ; mais, ici encore, le progrès est loin d'être complet :
l'action *de peculio* est restreinte aux obligations contractées
pour le père par l'*alieni juris*, et dès lors le fils ni l'esclave
ne pourraient représenter une *persona extranea* ; un autre

---

(1) L. 9, § 2, *et seq* : Dig. *De peculio.* l. XV, t. 1.
Cette règle est d'ailleurs applicable à tous ceux qui peuvent être
actionnés *de peculio* : ainsi le créancier qui devient héritier pourra
prélever sur le pécule le montant de sa créance. (L. 9, § 5. *Supr. cit.*)
L'associé du maître participerait au même privilège. (L. 11, § *Ult.
cod. tit.*)
La *deductio* s'opérera de tout ce qui est dû au maître à quelque
titre que ce soit (L. 9, § 6, *Eod. tit.*) En cas de *furtum* le maître ne
pourrait prélever que le préjudice causé, non la peine. Une limitation
existe à cette règle des déductions : il faut que le maître ne puisse
obtenir autrement ce qui lui est dû.

inconvénient réside dans le court délai imparti aux créancier pour exercer leurs droits : l'action *de peculio* est annale,
en ce sens qu'elle s'éteint par le laps d'une année dès qu'il
n'y a plus de pécule. Enfin le maître prélève sur le pécule
les créances qu'il a contre l'*alienis juris* et le gage commun
des créanciers peut se trouver ainsi singulièrement amoin-
dri.

L'action *de peculio* échappe cependant, parfois, à ce der-
dier inconvénient, elle prend alors le nom d'*action tributoria.*

Si le père de famille a donné au fils ou à l'esclave le
permission de faire le commerce avec son pécule ou avec
une partie du pécule et si dans la liquidation de la masse la
père de famille a commis quelqu'erreur au préjudice des
créanciers (1), l'action *tributoria* permettra à ces créanciers de l'entreprise commerciale d'exercer sur le fonds de
commerce et sur les bénéfices réalisés un privilège destiné
à les remplir de leur créance ou du moins à rétablir l'égalité qui doit exister entre eux, puisqu'ils doivent être payés
au marc le franc :

*Non autem totum peculium venit in tributum, sed id dun-
taxat, quod ex ea merce est, sive merces manent, sivi pretium
eorum receptum, conversum ve est in peculium* (2).

Toutefois le père de famille aura encore cet avantage
sur les créanciers qu'il pourra, non plus prélever le montant

---

(1) L. 3, § 2 ; L. 4, L. 5 pr. Dig. *De tributoriâ actione.* l. XIV, t. 4.
(2) L. 5, § 11. *Eod. tit.*

de ses créances sur cette partie du pécule, mais faire entrer
en ligne de compte et produire, en quelque sorte, pour toutes
ses créances, sans qu'il soit nécessaire qu'elles se rattachent
à l'entreprise commerciale (1).

(1) L. 5, §§ 7 et 17 *Eod. tit.*

CHAPITRE III

RENVERSEMENT DE LA RÈGLE ANCIENNE SOUS
LINFLUENCE DES NÉCESSITÉS COMMERCIALES

———————

L'extension que prit à Rome le commerce et le développement des relations extérieures favorisé par ce réseau
immense de routes romaines, indestructibles chaussées dont
l'ineffaçable vestige se retrouve partout, devaient amener
nécessairement dans les institutions juridiques un changement correspondant à celui qui s'opérait dans les
mœurs (1).

Le trafic et l'industrie étaient interdits au patricien
comme contraires à sa dignité ; la boutique était abandonnée aux esclaves et aux affranchis, la possession d'un
navire n'était pas permise aux sénateurs et une loi Claudia

———————

(1) La rapidité des communications était déjà très grande à cette
époque : Tibère allant rejoindre Drusus en Germanie fit 200 milles
(274 kilomètres environ) en 24 heures. (Pline, *Hist.*, VIII, 48.)

César faisait 100 milles (132 kil. env.) par jour (Suét. in Cœs. 57);
Cicéron parle d'une route de 56 milles (74 kil.) faite en dix heures
avec des voitures de poste *(Cisiis) Pro Roscio Amerino* 7.

de l'an de Rome 584 défend à tout sénateur ou à tout père de sénateur de posséder un bâtiment propre à tenir la mer de la capacité de plus de trois cents amphores (78 hecto-litres) (1).

L'agriculture était honorée, on tolérait la banque mais on disait : le salaire de l'ouvrier est un gage de servi-tude : le marchand qui achète à vil prix et qui revend cher ne gagne que par la fraude et le mensonge, c'est un mé-tier indigne d'un citoyen romain (2).

Les citoyens romains, dit Montesquieu, regardaient le commerce et les arts comme des occupations d'esclaves (3).

Cependant Rome se développe ; de tous les côtés de l'Italie, le peuple afflue venant prendre sa part à ces distri-butions de vivres et de plaisirs que lui accorde la munifi-cence des Césars ; dès lors, le commerce devient une né-cessité, car l'Italie consomme et ne produit pas, et l'on est obligé de faire venir de Sicile et d'Afrique de grandes quan-tités de blé (4).

Ne fallait-il pas, d'ailleurs, rendre productifs ces immenses capitaux qui s'accumulent chez le riche patri-cien ? Les opérations de banque ne suffisent plus car

(1) Cicéron : *In Verrem.* V. 8.

(2) Cicéron : *De officiis.* I. 42.

(3) Montesquieu. *Esprit des lois*, chap. XIV. — C'est d'ailleurs un préjugé commun à toute l'antiquité : Socrate ne fut-il pas réputé no-vateur pour avoir tenté de réhabiliter le travail manuel.

(4) Sous Auguste l'importation du blé en Italie s'élève à 60,000,000 de boisseaux, soit 900,000 hectolitres.

le peuple s'est trop souvent révolté contre les exigences de ses créanciers et leurs taux usuraires ; il faut donc trouver un moyen de faire fructifier ces capitaux autrement ; ce moyen, on le trouvera dans le commerce et à cet état de choses se rattache le *nauticum fœnus* ou prêt à la grosse aventure et l'institution du *magister navis* et de l'*institor* dont nous allons nous occuper.

Le *magister navis* est celui qui est préposé au commerce maritime, l'*institor* celui qui est préposé au commerce terrestre ; tous deux obligeront directement leur préposant par les contrats qu'ils passeront avec les tiers dans les limites des pouvoirs à eux accordés.

Il était, en effet, de l'intérêt de l'armateur que le *magister navis* pût l'obliger dans les contrats qu'il passait loin de Rome, car les tiers peuvent raisonnablement ignorer la condition de celui avec qui ils traitent et la rapidité qu'exige le commerce, la difficulté de se renseigner, loin de Rome, sur les garanties de solvabilité que peut présenter l'armateur, exigeaient que le véritable intéressé, put être obligé par les contrats de son préposé : « *Nam interdum locus, tempus non patitur plenum deliberandi consilium* (1). »

Telle fut l'origine de l'action exercitoire.

Les mêmes motifs militaient en faveur du commerce terrestre, avec moins de force, il faut le dire, puisque le maître est toujours présent, mais le premier pas était fait dans la voie des réformes. L'action donnée contre le prépo-

(1) Pothier : *Pandectes*, Lib. XIV, t. 1, Pr.

sant au sujet du commerce terrestre prit le nom d'action institoire.

Grâce à ces deux actions, le commerce prend un essor rapide (1), la richesse et le luxe atteignent des proportions telles que l'Etat juge nécessaire d'intervenir (2) ; les lois somptuaires sont impuissantes, la prohibition est violée par ceux-là mêmes qui l'ont édictée : on défend aux sénateurs de se livrer au commerce, et les sénateurs tournent la prohibition en chargeant leurs fils ou leurs esclaves, des affranchis ou des tiers de faire le commerce pour eux jusque ce qu'enfin toutes ces prohibitions tombent d'elles-mêmes dans une désuétude complète.

Nous pouvons déjà envisager par le court exposé que nous avons fait, le progrès immense qui vient de se réaliser : la réforme est générale, elle ne se restreint plus aux acquisitions par les personnes en puissance, mais elle s'étend aux acquisitions par les tiers, la notion de la représentation s'est fait jour, nous verrons dans quelle mesure.

(1) Le commerce maritime était très-developpé, Ostie était le port de Rome pour l'Occident et pour le Nord ; elle communiquait ainsi avec Fréjus, Marseille, Narbonne, Carthagène ; Pouzzol était en relations avec le Midi et tout l'Orient, Carthage, Béryte, Alexandrie, Ravenne avec toutes les côtes de l'Adriatique, Brindes avec la Grèce et l'Asie mineure.

(2) Pline nous apprend que deux gobelets d'un verre nouveau furent payés de son temps 6,000 sesterces (1,520 fr.), des tapis de Babylone furent vendus 4,000,000 de sesterces (1,014,000 fr.), et une coupe murrhine 300 talents (1,830,000 fr.) — Pline. *Hist.*, XXVI, 5 ; XXVII, 2.

§ 1. — *Création des actions institoire et exercitoire,*
leur nature, leurs caractères.

Répondant toutes deux aux mêmes besoins, les actions institoire et exercitoire présentent des points de ressemblance nombreux, nous les examinerons simultanément.

L'action exercitoire est donnée, avons-nous dit, à raison du commerce maritime, l'action institoire à raison du commerce terrestre, mais dans quel ordre ces actions ont-elles été créées ?

Il y a lieu de s'étonner, tout d'abord, de la diversité d'appellation de ces deux actions qui tendent au même but et produisent les mêmes résultats, mais cela s'explique par l'ordre de création suivi par le préteur : les besoins du commerce maritime accusèrent les premiers les vices de l'ancien système ; le préteur jugea alors équitable de donner contre le préposant l'action du contrat rédigée dans la formule *adjectice*, lorsque les engagements du préposé rentraient dans le cercle des affaires dont ce dernier s'était chargé, et voilà pourquoi l'action s'appelle *exercitoria* et non *magisteriana,* comme le voudrait Cujas, parce que la responsabilité du maître est générale et est engagée aussi bien par les agissements du *magister navis* que par ceux des employés et matelots qui accompagnent son préposé, dans la mesure que nous déterminerons plus loin.

Il est vrai que l'action aurait pu s'appeler également action *institoria,* et cela eut assurément mieux valu puisque le *magister navis* comme l'*institor* est préposé (*institutus*) à des opérations commerciales, mais on ne l'a pas fait ; et cela prouve encore que l'action *institoria* est postérieure à l'action *exercitoria*, car on n'eut pas autrement cherché d'autre dénomination que celle-là qui était, dans son sens général, applicable à toute espèce de commerce. Quant à étendre au commerce terrestre l'action *exercitoria* en lui conservant cette dénomination, il n'y fallait pas songer, car le mot *exercitor* est un terme technique, doué d'un sens précis, applicable seulement aux opérations du commerce maritime.

L'action exercitoire est donc antérieure à l'action institoire ; et cela est si vrai que plus tard, lorsqu'étendant le cercle d'application du principe générateur de ces actions, le préteur appliquera à des cas analogues l'action qu'il a créée seulement pour les besoins du commerce, on n'appellera pas cette action *quasi exercitoria* mais *quasi institoria* (1).

Quoi qu'il en soit, ces deux actions présentent les mêmes caractères : toutes deux sont perpétuelles et non pas seulement annales comme l'action *de peculio*, toutes deux sont appelées indirectes puisqu'elles ne s'exercent pas contre le contractant mais contre celui qui l'a proposé, accessoires puisque le tiers peut leur préférer l'action du contrat, action qu'il exercera contre le préposé avec qui il a

---

(1) V. sur cette question Mainz, *Cours de droit romain*, T : II, § 308. — Ortolan, *Explication historique des Institutes*, T. III, nᵒˢ 2,205 et seq. — Accarias, *Précis de droit romain*, T. II, nᵒ 879, — Demangeat, *Cours élémentaire de droit romain*, T. II.

traité, et c'est pour cela qu'on les appelle encore *adjectitiæ qualitatis*.

Il peut arriver, d'ailleurs, que l'action institoire ou exercitoire ne présente pour les tiers aucun avantage : par exemple, le préposé est un homme libre, parfaitement solvable ou bien c'est un fils de famille ou un esclave qui possède un pécule suffisant à désintéresser le créancier ; mais nos actions seront vraiment utiles lorsqu'on se trouvera en présence d'un insolvable.

Ici, encore, l'action donnée contre le préposant sera l'action du contrat dont la formule sera conçue *in factum* :

Si paret Titium magistrum Aulo X, M. dare oportere, judex Numerium exercitorem Aulo X. M. condemna.

Ou bien :

Quod Aulus Titio magistro M. medimnos tritici vendidit, quâ de re agitur, quidquid ob eam rem Aulo dare facere oportet ex fide bonâ ejus Numerium Aulo condemna.

La formule devait être analogue dans l'action *institoria*.

§ 2. — A qui et contre qui ces actions sont-elles données ?

L'action est accordée aux tiers contre le préposant, mais il est clair que ce préposant doit avoir la capacité de s'obliger pour que les contrats passés par son *magister navis* ou son *institor* réfléchissent contre lui ; s'il est *alieni juris* le maître ne sera obligé que s'il a donné pouvoir et autorisation à cet effet :

*Si is qui navem exercuerit in aliena potestate erit, ejus-
que voluntate navem exercuerit, quod cum magistro ejus gestum erit, in eum in cujus potestate is erit, qui navem exercuerit judicium datur* (1).

Tous les actes du préposé obligeront-ils le préposant ?
Il y a lieu de distinguer, à cet effet, entre les actes du
magister navis et ceux de l'*institor*.

On comprend en effet que le *magister navis* qui va cher-
cher les produits d'outre-mer ait besoin d'une grande latitude d'action, des faits non prévus au moment du départ
peuvent nécessiter des engagements auxquels l'*exercitor* n'a-
vait pas pensé. Aussi admet-on, d'une manière générale,
qu'il pourra passer tous les contrats que comporte son entreprise (2). Le *magister navis* emprunte et dissipe l'argent
ainsi emprunté, l'*exercitor* sera cependant tenu (3) ; car les
tiers n'ont aucun droit de contrôle sur l'emploi des deniers
ou des marchandises qu'ils fournissent ; leur situation serait en effet trop pénible et il est clair qu'ils ne contracteraient pas, s'ils devaient surveiller les actes de celui avec qui
ils traitent et supporter les conséquences de ses malversa-
tions. Toutefois, cette liberté de contracter ne doit pas être
aveugle et les tiers supporteraient les conséquences de leur
imprudence si l'usage pour lequel l'argent leur a été emprunté ne pouvait être réalisé dans le lieu du contrat :

(1) L. 1, § 19. Dig. *De exercitoria act.*, l. XIV, t. 1.
(2) L. 1, § 7 *et seq. De exercit. act.*
(3) L. 12 § 10, Dig. *De exercit. act.*

Interdum etiam illud œstimandum, an in eo loco pecunia
credita sit in quo id, propter quod credebatur, comparari po·
tuerit (1).

On emprunte, par exemple, pour acheter du blé dans
un pays qui n'en produit pas, pour acheter un voilè de
pourpre dans un endroit où la pourpre est inconnue... et
cependant si le tiers a été de bonne foi et que son ignorance soit excusable l'action lui sera encore accordée.

L'action exercitoire n'a pas seulement pour objet les
contrats passés par le *magister navis*, elle s'étend encore à
ses délits ou aux délits des matelots qu'il a sous ses ordres.
C'est là une application de la responsabilité du maître ou
du commettant (2).

Dans ce cas, en effet, les tiers ne sont pas en faute :
s'ils ont un droit à exercer, si une obligation s'est formée,
ce n'est pas qu'ils l'aient voulu, la violence dont ils ont
été la victime est une garantie suffisante de la légitimité de
leur demande.

Ainsi donc, la règle est précise et les conséquences
sont nombreuses. Il faut que l'*exercitor* ait préposé quelqu'un à titre de *magister navis* ; cela étant, les obligations
du préposé sont.à sa charge quand bien même elles dépas-

_____

(1) L. 7 § 1, Dig. *De exercit. act.*

(2) Cette responsabilité du commettant est établie dans notre droit
par l'article 1384 du Code civil, elle est formulée en matière de droit
maritime par l'article 216 du Code de commerce ainsi conçu : « Tout
propriétaire de navire est civilement responsable des faits du capitaine et tenu des engagements contractés par ce dernier pour ce qui
est relatif au navire et à l'expéditition.

seraient les limites des pouvoirs conférés ; mais encore faut-il qu'il y ait eu *propositio* :

Si cum quolibet nautarum sit contractum, non datur actio in exercitorem : quamquam ex delicto cujusvis eorum, qui navis navigandæ causâ in nave sint, detur actio in exercitorem : alia enim est contrahendi causa, alia deliquendi ; si quidem, qui magistrum præponit cum eo contrahi permitit : qui nautas adhibet, non contrahi cum eis permittit, sed culpa et dolo carere eos curare debet (1).

Les principes qui régissent les contrats passés par l'*institor* sont plus sévères et les règles qui lui sont applicables plus rigoureuses.

Il s'agit ici du commerce terrestre et comme l'utilité pratique de la réforme était sinon moins grande, du moins moins urgente, l'édit du préteur prend plus de précautions pour accorder l'action *institoria*.

L'*institor*, lui aussi, peut préposer qui bon lui semble, une personne en puissance ou une personne libre, mais il doit rendre sa volonté publique et la publicité consistera dans l'apposition d'une affiche à la porte de la boutique ou du lieu du négoce. Cette affiche doit faire connaître les noms du préposé, les fonctions qu'on lui a assignées, l'étendue des pouvoirs qu'on lui confère. C'est la *lex propositionis* et les textes s'attachent longuement à la nécessité de cette publicité, l'affiche sera écrite en grandes lettres, mise en

(1) L. 1, § 2, Dig. *De exercit. act.*

évidence, et renouvelée si le vent ou la pluie viennent à la faire disparaître :

Proscribere palam, sic accipimus, claris litteris, unde de plano recte legi possit, ante tabernam scilicet vel ante eum locum in quo negociatio exereetur, non in loco remoto sed in evidenti...... Proscriptum autem perpetuo esse oportet. Cœterum si per id temporis quo propositum non erat vel obscurata proscriptione contractum sit institoria locum habebit (1).

La liberté d'action du proposé trouve sa limite dans le mandat qu'on lui a confié, et cela est si vrai que le préposant, s'il est *alieni juris*, pourra se voir soumis à l'action institoire exercée contre lui par son père, à raison des actes que celui-ci aurait passé avec le préposé de son fils préposant; et le résultat sera : que le *paterfamilias* aura droit à la déduction sur le pécule, sans que les tiers puissent venir lui demander l'application de l'action tributoire.

L'action est donnée contre le préposant ; les tiers n'ont plus à s'inquiéter de la consistance du pécule ou du profit retiré par le maître, comme dans l'action *de peculio* et *de in rem verso.* Ils ont traité avec le *magister navis* pour les besoins de l'expédition maritime, avec l'*institor* agissant dans la limite de ses pouvoirs, cela suffit; l'action leur est accordée directement contre le préposant.

Mais la réciproque existe-t-elle et celui qui sera soumis à l'action institoire ou exercitoire aura-t-il le droit de se

L. 11, § 3 *et seq.* Dig. *De institoria actione,* l. XIV, t. 3.

servir de la même action pour agir contre les tiers ?

Il faut, tout d'abord, écarter l'hypothèse où le préposant a eu en sa puissance le *magister navis* ou l'*institor* en la personne de qui est née l'action. La situation est alors bien simple et l'application des vieux principes (1) rend inutile toute cession d'actions. Par le fait même du contrat, l'action a été acquise au *pater* car il y a bénéfice et s'il ne peuvent l'obliger le fils et l'esclave peuvent acquérir pour le *paterfamilias*. S'agit-il d'un tiers, le préposant devra obtenir de lui la cession des actions, sanction des droits qu'il a acquis contre les tiers ; et comme c'est d'un mandat qu'il s'agit, la cession de ces actions se demandera par l'action *mandati directa*.

Enfin, dernière hypothèse : le préposé est un *alieni juris* en puissance d'un tiers : je vous loue mon esclave et vous le préposez à un commerce ; je contracte avec cet esclave, j'aurai contre vous l'action *empti exercitoria*, par exemple, s'il s'agit d'un achat. Cela est certain. Mais par quelle voie pouvez-vous agir pour obtenir de moi la prestation réciproque? Ce sera, nous répondent les textes, par l'action *locati* ou par l'action *mandati* et *negotiorum gestorum*, si le service rendu est gratuit (2).

La réforme que nous signalions au commencement de ce chapitre est donc incomplète : seuls les tiers acquièrent

---

(1) V. Chap. I. *Suprà*.

(2) L. 5 pr. et L. 1, § 18, Dig, *De exercit. act.*, l. XIV, t. 1 ; L. 1 Dig. *De Instit. act.*, l. XIV, t. 3 ; L. 1, § 4, Dig. *Mandati*, l. XVII, t. 1.

directement les actions contre le préposant. C'était là une théorie peu juridique, car il est de principe que les charges sont la corrélation des droits « *Ubi emolumentum ibi et onus esse debet.* »

Aussi voyons-nous que le *præfectus annonæ* à Rome, et dans les provinces les présidents, donnaient *extra ordinem* au préposant une action directe contre les tiers qui avaient traité avec leur *magister,* esclave ou homme libre (1). Puis dans un but d'équité, on étendit l'exception jusqu'à en faire la règle et nous voyons en effet énoncer ce principe que l'action devra être donnée directement au préposant contre les tiers :

Marcellus autem ait, debere dari actionem ei qui institorem præposuit, in eos qui cum eo contraxerint, eo nomine quo institor contraxit, si modo aliter rem suam servare non potest (2).

§ 3. — *Effets.*

L'action institoire, comme l'action exercitoire, est donnée accessoirement à l'action principale. Si donc le tiers contractant préfère recourir à l'action du contrat, il est libre d'abandonner son recours contre le maître.

Ces actions, nous disent les textes, sont donnés *in solidum* contre le préposant et le préposé : que faut-il entendre par ces expressions ? Est-ce à dire que l'action est seule-

---

(1) L. 1, § 18, Dig., *De exercit. oct.*, l. XIV, t. 1.
(2) L. 42, Dig. *De Instit. act.*, l. XIV, t. 3.

ment donnée pour le tout, ou bien faut-il aller plus loin et décider avec certains auteurs qu'il y a ici une obligation corréale ?

Nous avons ici quelque chose de tout à fait analogue à l'obligation corréale, dit M. Demangeat, et cette opinion résulte de la théorie de cet auteur sur la corréalité. Suivant lui l'obligation ne pourra engendrer la corréalité que si l'action qui en dérive est une *condictio*. Or l'action exercitoire pouvant être aussi bien une *condictio* qu'une action de bonne foi ou une action *in factum*, on comprend que l'obligation ne sera pas toujours corréale.

Une autre opinion pense, au contraire, que la corréalité n'est pas nécessairement attachée aux obligations qui donnent naissance à la *condictio*. La loi 9 *de Duobus reis*, (lib. XLV tit. 2) déclare formellement qu'elle peut résulter des contrats de bonne foi :

- « *Eamdem rem apud duos pariter deposui utriusque fidem in solidum secutus vel eamdem rem duobus similiter commodavi, fiunt duo rei promittendi quia non tantum verbis stipulationis sed et cæteris contractibus veluti emptione, venditione, locatione, conductione, deposito, commodato, testamento...* »

Il peut être vrai de dire que dans le début et dans l'application des principes du vieux droit la corréalité ne naissait que d'un seul contrat : la stipulation ; et encore y a-t-il dans la formule un mot qui sert à manifester que l'on entend bien donner naissance à la corréalité : Titius s'adressant à Seïus et à Mævius leur dira :

« *Spondetis ne mihi dare eosdem centos ? Spondemus.* »

L'obligation corréale se forme et ce mot *idem* sert, en quelque sorte, de caractéristique à l'opération. Mais la corréalité se soumit, elle aussi, aux réformes successives et les textes nous montrent qu'elle pourra résulter des contrats de bonne foi aussi bien que de la stipulation.

Quel est, dès lors, le caractère de l'obligation commune au préposant et au préposé? On ne peut pas dire qu'il y ait corréalité car il n'y a pas identité de cause dans l'obligation ; l'un est tenu parce qu'il a contracté, l'autre parce qu'il a préposé. Cette différence de cause peut amener une différence d'objet: le capitaine, *magister navis*, a, par exemple, fait un emprunt exagéré, il a demandé pour réparer le vaisseau une somme plus élevée que le prix du vaisseau lui-même ; le maître ne sera tenu que jusqu'à concurrence de l'utilité vraisemblable du prêt, l'emprunteur, au contraire, sera toujours tenu vis-à-vis des tiers à raison de son propre fait et pourra être actionné pour le tout. Ce résultat ne se manifeste jamais dans l'obligation corréale.

Nous pensons que le préposant et le préposé sont tenus *solidairement* en ce sens qu'on pourra exiger de l'un ou de l'autre la totalité de la dette, en observant toutefois les restrictions que nous avons apportées à cette règle, mais on peut alors se demander pourquoi la *litis contestatio* produit ici son effet extinctif ordinaire, quand cet effet ne se réalise pas dans les obligations solidaires : Primus a deux obligés solidaires, Secundus et Tertius. Il actionne Secundus qui, à raison de son insolvabilité, ne peut lui donner satisfaction que pour les deux tiers de la dette, il aura le droit de demander par une autre action le troisième tiers à Tertius, et celui-ci ne pourra pas objecter que la dette a été novée par la *litis contestatio*, car il y a en réalité deux actions distinctes.

Ici, au contraire, l'action une fois intentée contre le préposant ou l'un des préposés le tiers créancier perd son droit contre les autres obligés. L'effet ordinaire de la *litis contestatio* se réalise; et cela tient précisément, à ce que l'on exerce la même action, l'action du contrat qui porte le nom d'action institoire ou exercitoire lorsqu'elle s'exerce contre le préposant.

Les textes sont formels sur ce point et nous pouvons induire de ce soin avec lequel les jurisconsultes romains mentionnent cette dérogation *apparente* aux principes de la solidarité qu'il devait en être tout autrement en ce qui concerne les rapports des tiers avec les divers préposants d'un même individu. L'obligation est ici corréale, nous y découvrons, en effet, l'unité de l'obligation et l'identité de cause, par conséquent la poursuite dirigée contre l'un des débiteurs ne pourra pas se renouveler contre les autres.

CHAPITRE IV

DE L'ACTION QUASI - INSTITOIRE ET DE SES DÉVELOPPEMENTS

Comme toutes les exceptions, nos deux actions furent d'abord restreintes aux cas prévus par l'édit ; d'un côté, l'action exercitoire s'appliquait seulement aux actes du *magister navis* et aux délits de ses matelots ; de l'autre, l'action institoire n'était donnée qu'à raison des actes rentrant dans la *lex præpositionis* dont la publicité a été exposée plus haut.

Nous assistons ici avec la création de l'action institoire utile à un nouveau progrès conforme en tous points au génie du droit romain qui consiste à appliquer à des cas semblables à celui pour lequel il a été imaginé le moyen dérogatoire inventé pour tourner la régle.

Et tout d'abord, au lieu de faire dans la *lex præpositionis* la nomenclature des faits et actes permis à l'*institor* on estima qu'il était préférable d'indiquer seulement ceux que l'on prohibait.

Puis, considérant les nombreux avantages que rendait

au commerce l'action institoire on ne vit plus de bonne raison pour ne pas appliquer ces mêmes principes au droit
civil.

Pour arriver à ce résultat, la formule présentait au préteur
un moyen facile de tourner la règle. La formule, en effet, désigne le rapport de droit et donne au juge la mission de rechercher dans les faits de la cause si ce rapport existe ou non. « Si
maintenant au sein de la vie sociale et enfanté par son mouvement se présente un rapport analogue à celui que nous
venons de supposer, ne satisfaisant pas toutefois complètement aux règles du *jus civile*, mais paraissant digne cependant soit d'une manière générale, soit au moins dans certains cas d'être protégé, comme le rapport auquel il ressemble, et par les mêmes moyens, rien n'empêche le préteur
d'appliquer à ce rapport imparfait l'*actio* imaginée pour l'autre;
il suffit pour cela qu'il ait soin par quelques mots convena-
blement ajoutés à la formule, d'avertir le juge qu'il n'aura
pas à s'occuper de la condition en défaut, qu'il devra la tenir
pour existante, et faire porter uniquement ses recherches
sur les autres, et, au cas où celles-ci seraient justifiées, sta-
tuer comme si toutes se trouvaient réunies (1) ».

Cette extension des actions par voie d'analogie et d'utilité pouvait se pousser à des degrès très-divers. C'est ainsi
que nous voyons, non pas seulement les actions utiles des
actions de droit civil, mais même l'action utile d'une action
prétorienne et même l'action utile d'une autre action utile (2).

(1) De Keller, *des Actions* § 7.

(2) L. 7 pr. Dig. *De religiosts* l. XI, t. 7.

Le plus souvent la formule était rédigée *in factum.*

L'action quasi institoire n'est que'l'application de ces principes dont nous voyons l'influence se manifester dans le droit tout entier (1). Le *procurator* pourra enfin obliger son mandant et l'action pourra être intentée directement par les tiers qui ont contracté, sans que le mandataire soit obligé pour cela de leur faire cession des actions *mandati contraria.* D'un autre côté, on a fini par admettre que la cession des créances peut non-seulement s'effectuer par le seul consentement des parties mais encore que cette cession s'opère de plein droit dans tous les cas où elle ne peut se refuser.

Voyons comment on arriva à ce résultat : le sénatus-consulte Trébellien avait décidé que la simple convention entre l'héritier grevé d'un fidéicommis et le fidéicommissaire investirait le fidéicommissaire d'actions utiles contre les débiteurs de la succession. Antonin-le-Pieux appliqua cette théorie à la vente de l'hérédité, et enfin Dioclétien l'étendit à toute vente de créance, à toute constitution de dot, au legs, à la *datio in solutum* d'une créance (2).

L'acte de cession est dès lors un acte consensuel. « C'est la volonté réciproque du cédant et du cessionnaire, volonté chez le premier de se dessaisir de sa créance, volonté chez

---

(1) Les formules Servienne et Rutilienne donnent des actions utiles au *bonorum emptor* et au *bonorum possessor,* le sénatus-consulte Trébellien les accorde au fidéicommissaire de l'hérédité.

Il y a encore lieu aux actions utiles en matière de tutelle ou au cas de *capitis diminutio,* etc.

(2) L. 3, 5, 8, 9, Code IV, 39, *De hereditate vel act. venditâ* ; L. 33, Code, *De donationibus,* VIII, 54.

le second de se saisir de la créance cédée. C'est, si l'on peut ainsi dire, une sorte de tradition qui, ayant pour objet une chose incorporelle ne peut s'opérer que *nudo animo* et se réduit ainsi à un simple consentement. La cession est donc comme la tradition un acte parfaitement distinct du contrat qui la précède et en est la cause... en droit, ces deux actes seront toujours séparés et distincts.

Quant aux effets de l'acte de cession, ils peuvent se résumer en un mot. Cet acte produit exactement les mêmes effets dans le nouveau système que la novation ou la *litis contestatio* produirait dans l'ancien. Peu importe que le cessionnaire agisse aujourd'hui par action utile tandis qu'il agissait autrefois par action directe. Il n'y a au fond aucune différence entre l'action utile du droit nouveau et l'action directe de l'ancien droit (1). »

La *procuratio in rem suam* était donc sous-entendue en cas de vente. On la sous-entendit également toutes les fois que la cession est obligatoire et ce résultat réalisé par Justinien permit au mandant d'exercer directement contre les tiers, à titre d'actions utiles, les actions directes nées dans la personne du mandataire.

Un double courant menait donc insensiblement le droit à la théorie de la représentation : d'une part, le développement de l'action institoire permettait aux tiers de poursuivre directement dans la personne du représenté les conséquences des actes du représentant ; de l'autre, la théorie de la cession d'actions qui s'est développée en se combinant, elle

(1) Gide, *Du transport des créances*, p. 368.

aussi, avec les actions utiles, permet au représenté d'agir directement contre les tiers à raison des contrats passés par son représentant, sans être obligé d'obtenir de ce dernier la cession des actions qui sont nées en sa personne, de sorte qu'au point de vue des droits comme au point de vue des obligations, la vieille règle a perdu sa signification, on peut acquérir et s'obliger par l'intermédiaire d'un tiers.

L'examen de quelques textes nous montrera l'exactitude de ces diverses propositions :

« *Si cum villico alicujus contractum sit,* nous dit Paul, *non datur in dominum actio : quia dominus propter fructus percipiendos, non propter quæstum præponitur. Si tamen villicum distrahendis quoque mercibus præpositum habuero, non erit iniquum, exemplo institoriæ actionem in me competere* (1). »

On le voit c'est bien d'un mandat civil qu'il s'agit ici car le *villicus* est un fermier et non un commerçant, l'action directe est cependant donnée contre le mandant.

Un exemple analogue nous est donné par Ulpien :

« *Si procurator vendiderit et caverit emptori : quæritur an domino, vel adversus dominum actio dari debeat : et Papinianus, lib. 3. Responsorum putat, cum domino ex empto agi posse utili actione, ad exemplum institoriæ actionis, si modo rem vendendam mandavit ; ergo et per contrarium dicendum est, utilem ex empto actionem domino competere* (2).

---

(1) L. 16. Dig. *De Instit. act.*, l. XIX t. 3.

(2) L. 13, § 25. *De act. empti et vend.* L. 79 *De verborum oblig.* l. XLV, t. 1.

Le progrès est plus grand encore dans ce dernier exemple, puisque le maître aura lui aussi une action utile contre les tiers à raison du contrat, il y a similitude et réciprocité.

La responsabilité du maître peut même dépasser les limites du mandat comme cela arrivera au cas de délit et de quasi délit du mandataire :

» *Si libitinarius, quos græce* νεκροθάπτις, *id est mortuorum sepultores, vocant, servum pollinctorem habuerit, isque mortuum spoliaverit, dandam in eum quasi institoriam actionem : quamvis et furti et injuriarum actio competeret* (1) ».

On est loin, on le voit, des premiers principes, puisque le représentant se trouve maintenant en rapport direct avec les tiers, et que de leur côté, les tiers l'actionnent sans avoir besoin des actions du mandataire ; mais le progrès n'est pas encore définitif : le mandataire, qu'on l'appelle *procurator, magister navis, institor* n'est pas encore absolument dégagé, il peut toujours supporter les risques de l'insolvabilité de son mandant, puisque les tiers ont toujours contre lui l'action du contrat. Un dernier progrès est donc désirable, ce progrès a-t-il été atteint ?

Un texte des Institutes semble dire qu'on peut poursuivre directement par la *condictio* le père ou le maître dont on aurait eu en vue la responsabilité :

» *Illud in summâ admonendi sumus, id quod jussu patris domini ve contractum fuerit, quod que in rem ejus versum*

(1) L. 5, § 8, Dig. *De Instit. act.*, l. XIV, t. 3.

erit directo quoque a patre domino ve posse condici, tanquam
si principaliter cum ipso negotium gestum esset (1).

Cela se comprend aisément si nous supposons un contrat
qui rentre dans la sphère d'application de la *condictio*, c'est-
à-dire une obligation civile, *stricti juris* et unilatérale. Mais
faut-il aller plus loin et dire que d'une manière générale, le
préteur l'accordait toujours contre le préposant à raison des
actes passés par les préposés, si bien que l'action prétorienne
serait devenue inutile ?

M. Demangeat (2) explique la coexistence de l'action civile et de l'action prétorienne par cette considération « que
la *condictio* est arrivée assez tard, par le développement
progressif de la jurisprudence à pouvoir être appliquée aux
cas régis autrefois par l'action prétorienne, il en résulte nécessairement que celle-ci dut disparaître. La *condictio*, en
effet, embrasse tous les rapports de droit :

« *Certi condictio competit ex omni causâ, ex omni obli-*
gatione ex qua certum petitur (3).

Et le jurisconsule Paul en fait l'application aux contrats
passés par l'*institor* :

« *Si institorem servum dominus habuerit, posse dici, Ju-*
lianus aït etiam condici ei posse, quasi jussu ejus contrahatur
a quo pœpositus sit (4) ».

---

(1) Inst. § 8. *Quod cum eo*. L. IV, t. 7.

(2) *Cours de droit romain*, t. II, p. 644.

(3) L. 9 pr. Dig. *De rebus creditis*, L. XII, t. 1.

(4) L. 29. Dig. *De reb. creditis* ; L. 17, § 5. *De Inst. act.* L. XIV,
t. 3.

On le voit, il n'est fait aucune distinction entre les divers contrats, la *condictio* semble être le résultat du fait de la préposition. Le but de la représentation serait dès lors atteint puisque le maître serait civilement obligé par le fait de son préposé.

M. de Savigny ne croit pas à cette généralisation de la *condictio* : suivant lui, la *condictio* ne pourra être donnée contre le maître que dans le cas où l'acte du préposé donnerait lieu à cette action contre lui-même, *tanquam si principaliter cum eo negotium gestum esset*, la seule innovation que constate dès lors ce paragraphe est uniquement que l'action est donnée directement contre le maître à raison du fait de son préposé. Nous ne pensons pas, d'ailleurs que la *condictio* eut seule ce privilège, il en fut de même de toutes les autres actions :

« *Quoties jussu alicujus vel cum filio ejus, vel cum extraneo societas coitur directo cum illius persona agi posse cujus persona in contrahendâ societate spectata sit* (1) ».

Le § 8 des Institutes doit être être rapproché, croyons-nous, d'une loi célèbre qui a suscité dans la doctriue une controverse très-vive :

« *Certi condictio*, nous dit Ulpien, *competit ex omni causa, ex omni obligatione ex quâ certum petitur : sive ex certo contractu petatur, sive ex incerto : licet enim nobis ex omni contractu certum condicere dummodo præsens sit obligatio* (2) ».

---

(1) L. 84, Dig. *Pro socio*, 1. XVII. t. 2.
(2) L. 9, Dig, *De rebis creditus*, 1. XII, t. 1.

Tout fait juridique quelconque est susceptible d'engendrer une *condictio certi* : le créancier pourra, au lieu d'exercer l'action du contrat, évaluer lui-même son droit et intenter la *condictio* pour cette somme, sauf pour lui à subir le danger de la plus *petitio* ; l'officice du juge sera ainsi abrégé. Le demandeur avait donc le choix entre la *condictio certi* et toute autre action *ex contractu*, *ex delicto*, ou autre, toutes les fois que sa demande tendait, au fond, à l'obtention d'une somme d'argent.

On comprend dès lors, comment il peut se faire qu'à raison du contrat quel qu'il soit passé par l'*alieni juris*, le père de famille puisse intenter la *condictio* ; cela est conforme aux principes généraux.

Le dernier progrès que nous signalons marqua, suivant nous, le point extrême auquel arriva dans le droit romain la théorie de la représentation : l'action est donnée directement contre le préposant, mais le représentant reste toujours personnellement obligé. M. de Savigny a émis une théorie tout autre, il distingue les contrats solennels des contrats non solennels et il ajoute : « Pour la première classe les anciens principes restrictifs ont conservé leur caractère, dans la deuxième ils ont été entièrement rejetés. »

La loi 56 *de adq. rer. dom.* fournit à ce savant auteur son principal argument :

« *Ea quœ civiliter adquiruntur per eos qui in potestate nostra sunt adquirimus veluti stipulationem* (1) ; *quod natura-*

(1) *Stipulationem* est la version florentine, d'autres] interprètes Puchta, Wangerow) lisent *per stipulationem, stipulatione* ((de Savigny, *loc. cit).*

liter adquiritur siculi est possessio per quemlibet volentibus nobis possidere adquirimus (1). »

En examinant ce texte sans prévention, dit M. de Savigny, il est évident que l'acquisition de la possession n'est pas opposée à toutes les autres acquisitions, mais que le texte distingue au contraire, en principe, deux classes absolument distinctes d'acquisition dont chacune est signalée par un exemple.

Et cette opposition résulte des droits mêmes qui sont acquis dans l'une et l'autre forme, c'est-à-dire de l'objet de l'acquisition. Le mot *stipulatio* désigne dans ce système le droit qui naît de la stipulation et non pas l'acte juridique solennel qui porte ce nom (2). Il résulte de là que dans les conventions non solennelles l'affaire peut se réaliser en dehors de la présence des parties, il suffit de leur consentement et ce consentement peut être apporté par un tiers, *per nuntium*. Ce *nuntius* a un champ d'action qu'il est impossible de préciser. Je le charge, par exemple, d'acheter un objet dont je spécifie simplement le genre pour un prix auquel je fixe un maximum. Ma volonté est précise, voulant le plus, je veux le moins et dès lors mon choix se spécialisant par celui du *nuntius*, le contrat est parfait dès que celui-ci a donné mon consentement dont il est porteur. De l'opération qui vient de se passer, il ne résulte pour lui ni droits ni obligations, ces résultats s'appliquent directement au représenté. La repré-

---

(1) De Savigny, *le Droit des obligations* § 56 et suivants.
(2) L. 5 , § 3, *De constituta pecunia* ; L. 7 pr. *de auctoritate tutorum.*

sentation aurait donc été parfaite, dans le dernier état du droit, du moins en ce qui concerne les contrats non solennels.

Nous croyons cependant qu'il en fut autrement ; le principe nouveau qu'établit M. de Savigny n'est nulle nulle part formulé par les textes, l'opinion contraire s'appuie même d'un texte précis des empereurs Dioclétien et Maximin :

« *Imp : Diocletianus et Maximianus A A Marcellæ. Excepta possessionis causa, per liberam personam, quæ alterius juri non est subdita, nihil adquiri posse indubitati juris est. Si igitur procurator non sibi, sed ei cujus negotia administrabat, redintegratæ rei vindicationem pactus est, idque pactum etiam stipulatio insequuta est, nulla domino obligatio adquisita est* (1) ».

Quant à la loi 53 *supr cit.*, elle nous semble avoir trait uniquement à la possession et ne faire que constater, par conséquent, un progrès réalisé depuis longtemps déjà.

Nous trouvons une deuxième objection dans la marche même du droit et dans le progrès rationnel des réformes que nous avons essayé de suivre dans cette étude. La dérogation aux principes a suivi une marche logique et c'est par des réformes timides dès l'abord, mais non interrompues et dont le préteur s'efforçait d'atténuer l'importance apparente qu'on est enfin arrivé à la conception de l'action institoire utile.

A cette marche rationelle M. de Savigny substitue un tout autre système suivant lequel les actions institoire et exerci-

_____

(1) L. 1. Code, *per quas personas*, l. IV, t. 27.

toire n'auraient pas été les premiers jalons plantés dans la voie du progrès ; la réforme serait venue d'un tout autre côté, du *nuntius*. Or, tout nous montre, les textes comme les principes juridiques, qu'il n'en a pas été ainsi. Le *nuntius* est un messager, un porteur de volonté. De même que certains actes peuvent se réaliser *per epistolam*, de même ils peuvent avoir lieu *per nuntium*, mais le *nuntius* perd sa qualification et sort de son rôle dès qu'il a sur l'opération un contrôle quelconque, lorsqu'il abandonne l'état passif qui doit être le sien, pour s'immiscer dans l'appréciation d'un acte dont il ne peut être que l'instrument. On est alors en présence d'un mandataire de droit commun revêtu de pouvoirs plus ou moins larges, le *nuntius* a disparu.

En résumé le vieux principe qui prohibait la représentation est resté debout dans la matière des obligations et s'il n'a plus beaucoup d'effets pratiques puisque, par suite de dérogations successives on est arrivé à le tourner presque complètement, son existence s'affirme encore cependant dans tous les textes et sa puissance est encore telle que le mandataire pourra parfois encore en supporter le contre-coup.

Notre droit moderne, profitant de ces travaux et analysant plus complètement l'idée juridique a supprimé la responsabilité du mandataire vis-à-vis des tiers à moins de convention contraire, convention d'ailleurs très-fréquente dans le mandat commercial ; de cette façon se trouve réalisé ce principe d'équité, que les charges doivent être la corréla-

6

tion des droits ; *ubi onus ibi et emolumentum esse debet* ; et la raison de ce progrès se trouve dans ce principe formulé en tête de notre droit : « La convention fait la loi des parties. »

DROIT FRANÇAIS

DU CONTRAT DE COMMISSION

INTRODUCTION

L'utilité du mandat se fait sentir dans tous les rapports de la vie, et l'emploi constant qui en est fait montre à quels besoins sociaux cette création du droit répond. Nous ne pouvons tout faire par nous-mêmes, disait Cicéron (1) ; cette impossibilité se manifeste surtout en matière commerciale.

La marchandise, qu'elle soit matière première ou produit fabriqué est destinée à être mise en circulation, c'est même là une condition de sa valeur. Faire passer d'un lieu où il y a surabondance des produits qui resteraient sans utilité

---

(1) *Non possumus omnia per nos agere. Alius in alia est re magis utilis. Idcirco amicitiæ comparantur, ut commune commodum mutuis officiis gubernetur* (Cicéron, *Pro Roscio Amerino*, 38.)

dans leur lieu d'origine, mettre en rapport les pays de production avec les pays de consommation, faciliter les transactions en multipliant les débouchés, rendre les capitaux productifs en les faisant circuler, tel est le but du commerce. Mais ce but ne pourrait être atteint si l'activité d'un commerçant devait faire face en même temps à toutes les nécessités de son négoce.

Nous avons vu, dans l'étude précédente comment les Romains, frappés des besoins du commerce et gênés par les principes de leur droit primitif, avaient essayé de tourner la rigueur de la loi et étaient parvenus à un état de législation qui, tout en présentant bien des lacunes et bien des imperfections encore, était cependant une atténuation du mal.

On ne connut pas à Rome le commissionnaire tel que nous le comprenons aujourd'hui ; il y avait bien des facteurs, des préposés, des *institores,* mais leurs fonctions étaient analogues à celles de nos commis, individus salariés louant leurs services, mais ne servant d'intermédiaires qu'à un seul commerçant.

Il y avait bien en Grèce une institution se rapprochant davantage de la commission, institution qui se perpétua à Rome après la conquête de la Grèce (1), ce sont les proxènes ;

_____

(1) *Est enim proxenetarum modus, qui emptionibus venditionibus, commerciis, contractibus licitis utiles non adeo improbabili more se exhibent.* L. 3. *In fine.* Dig. *De proxeneticis,* L. 14.

A Rome, l'industrie des proxènes n'avait pas trait seulement aux négociations commerciales. Ils intervenaient le plus souvent comme agents matrimoniaux et prélevaient, comme [rémunération un tant pour cent de la dot.

mais leurs attributions assez mal connues, d'ailleurs, n'étaient
pas soumises à un ensemble de règles uniformes : « tantôt ce
sont des particuliers en liaison de commerce ou d'hospitalité
avec des particuliers d'une autre ville ; tantôt ils ont un caractère public et sont reconnus pour les agents d'une ville
ou d'une nation qui, par un décret solennel, les a choisis avec
l'agrément du peuple, auquel ils appartiennent. Le proxène
d'une ville loge les députés de cette ville ; il les accompagne
partout et se sert de son crédit pour assurer le succès de
leurs négociations ; il procure à ceux de ses habitants qui
voyagent les agréments qui dépendent de lui (1). »

Ici encore il y a mandat général et le rôle du proxène
semble se rapprocher quelque peu de celui de notre courtier
avant la suppression du monopole.

Quoiqu'il en soit, cette institution disparut avec les inva-
sions barbares, nous n'en retrouvons plus de traces après
cette époque.

Notre ancien droit donna au mandat une extension considérable. Nous le voyons mentionné dans les formules de
Marculf (2), et longuement étudié par tous nos vieux auteurs ; mais ses règles sévères, la gratuité qui était de son
essence, la nécessité pour les tiers contractants de s'enquérir
de la solvabilité du mandant en faisaient un instrument assez
incommode pour le commerce qui exige avant tout la célérité
et le secret dans les affaires.

(1) Barthélemy. *Voyage du jeune Anacharsis.*
(2) *Marculfi formulæ*, L. 2, Cap. XXXVIII.

Les petites républiques de l'Italie, dont les relations commerciales faisaient la force et la vie, dégagèrent, les premières, l'idée de la commission : le commissionnaire agit en son nom, les tiers n'ont donc plus besoin de s'enquérir de l'étendue de ses pouvoirs, des garanties que présente le commettant, de l'approbation qu'il donnera ou qu'il refusera si le mandat a été dépassé ; mais en même temps, le commissionnaire agit pour son commettant et les rapports qui s'établissent entre eux sont ceux qui naissent entre le mandant et le mandataire. Ainsi les besoins du commerce sont satisfaits, la rapidité des transactions s'établit et la sécurité des tiers est complète :

« *Mercatores non solent tam propria quam aliena negotia propalare sed ea secreto, suoque sub proprio nomine agere, nusquam exprimendo nomen comittentis, vel sui corresponsalis, cui forte quoque expedit, ob motiva prudentialia sub alieno nomine sua negotia peragere* (1) ».

La France resta longtemps étrangère à ce mouvement. Dominant de leur autorité tous ceux qui venaient implorer leur appui et leur protection, les seigneurs féodaux exigeaient de leurs sujets l'abandon complet de leurs libertés et de leurs biens ; le commerce ne pouvait s'accommoder de ces entraves. Il se groupa et demanda des franchises ; ces franchises donnèrent naissance aux corporations, jurandes et maîtrises du moyen âge.

« Associations défensives, à leur origine, les corpora-

(1) Casaregis : *Disc.* 76, n° 5.

tions étaient un bouclier dont on se couvrait pour ne pas
être écrasé par la puissance féodale ou pour résister aux
empiétements de la haute bourgeoisie ; produit nécessaire
de leur temps, c'est au point de vue non pas économique,
mais politique, qu'il faut les considérer et les juger (1). »

Cette organisation défensive, contraire à la prospérité du
commerce qui vit, avant tout, d'indépendance et de libre
concurrence, contribua cependant à introduire en France
l'usage du contrat de commission : Toute ville ou à peu
près, étant ville de maîtrise, lss corporations possédaient le
monopole complet de la vente à l'exclusion des étrangers
dont les marchandises n'étaient admises sur la place qu'en
temps de foire.

Chacune de ces corporations s'autorise d'un privilège exclusif dans une branche de commerce ou d'industrie et
pour compenser les taxes qu'elle paie elle exige tout ce qui
tourne à son seul bien être, sans nul égard à l'intérêt général.

Les diverses corporations ne s'entendaient pas toujours,
d'ailleurs, sur leur domaine respectif, chacune voulant
élargir le sien prétendait diminuer celui de sa voisine, il y
a eu à ce sujet des procès interminables entre les tailleurs et
les fripiers, les charpentiers et menuisiers, les cordonniers
et les savetiers (2).

De cet état de choses résulta pour l'étranger et même

(1) Rossi : *Cours d'économie politique*, I, 263.
(2) Lyon-Caen et L. Renault. *Précis de droit commercial*, T. I, p. 17.

pour le régnicole qui n'habite pas la cité, une exclusion complète de ces immunités et de ces droits que s'arrogent les maîtres.

Hors le temps des foires, l'étranger n'avait que la liberté d'acheter ; s'il voulait vendre, il devait prendre comme intermédiaire des commerçants de la localité qui vendaient en son nom ; on institua même à cet effet des charges de vendeurs à privilège en titre d'offices, oubliant en cela ce principe fondamental, que le mandat repose avant tout sur la confiance et que la confiance ne s'impose pas.

La première mention de ce vendeur à privilège se trouve dans l'ordonnance de 1350, mais l'institution fut réglementée à nouveau et d'une manière plus complète dans l'ordonnance de 1586, rendue sous Henri III. Ce dernier règlement défendait : d'abord, aux marchands forains étrangers ou régnicoles, de vendre hors le temps des foires leurs marchandises dans les villes du royaume, si ce n'est sous balle et corde, en personne, et non par facteurs, serviteurs ou commis ; et de plus, à tous marchands et habitants des villes de prêter leurs marques et leur nom aux étrangers ou de vendre pour eux par commission ou autrement. Des bureaux établis *en chef et titre d'office* pouvaient seuls procéder à la vente de ces marchandises, « selon et ainsi que l'on a accoutumé de les vendre. »

Cette nécessité de recourir à un commissionnaire privilégié subsista pendant longtemps, Savary la constate comme étant d'un usage général et existant aussi bien en France qu'en Angleterre et en Italie. Seules les entreprises de transports, l'entrepôt des marchandises, l'assurance et la banque demeurèrent libres (1).

L'industrie du commissionnaire était donc entourée d'une grande protection, mais cette protection excessive et nuisible aux véritables intérêts du commerce devait disparaître sous l'influence du temps.

Nous voyons dans le répertoire de jurisprudence civile criminelle etc., (Paris 1784), que dans les villes de maîtrise, tout particulier, quel qu'il soit, peut acheter des marchandises par commission, mais que pour vendre par commission il est nécessaire et il suffit d'être maître. Toutefois, dans certains corps de marchands, les statuts défendaient aux maîtres de vendre par commission, c'est ainsi que les règlements des mois d'octobre 1601 et janvier 1613, défendirent aux marchands du corps de la mercerie d'être courtiers ou commissionnaires sous peine dè privation de leur maîtrise et d'amende arbitraire, mais les auteurs du recueil que nous avons cité constatent que ces anciens statuts ne sont plus observés, et que, même, les anciennes ordonnances qui défendaient de vendre par commission certaines denrées de première nécessité ne sont plus en vigueur de leur temps (2).

Quant au commerce de commission pour opération de

(1) Delamarre et Le Poitvin : *Traité du contrat de commission*, T. I, p. 9.

(2) Répertoire universel et raisonné de jurisprudence civile, criminelle, canonique et bénéficiaire, ouvrage de plusieurs jurisconsultes mis en ordre et publié par Guyot. Vᵒ commissionnaire.

banque et de change, il demeura longtemps sinon inconnu du moins monopolisé, en fait, entre les mains des Juifs, des Lombards et autres étrangers qui obtenaient à cet effet des priviléges spéciaux. Mais en règle générale le prêt à intérêts était prohibé, car l'intérêt et l'usure étaient synonimes (1). Cette prohibition née du droit canonique (1), sanctionnée par la loi civile qui prononçait la confiscation des biens de ceux qui la violaient, fut cependant éludée par la pratique en matière commerciale, et les détours subtils et ingénieux auxquels on eut recours en matière de change amenèrent la création de facteurs et commis qui furent enfin remplacés eux-mêmes par le commissionnaire.

Ce commissionnaire n'avait pas de monopole ; il n'en

(1) Capitulaire de 789; Ordonnances de juillet 1268 (Collection Isambert, T. I, p. 338); de juillet 1311 : « Deffendons à toutes personnes et à singulières, soit de nostre royaume, ou dehors, que nul ne fasse. use, ne accoutume de faire nulle manière d'usures deffendues de Dieu, par les saincts pères et par nos antécesseurs... » (Op. cit. T. III, p. 11); 28 juillet 1315 ,Op. cit. T. III, p. 116); 12 janvier 1330 (Op. cit. T. IV, p. 377) ; 7 août 1378 (Op. cit. T. V, p. 489); 3 mars 1402 (Op. cit. T. VII, p. 46); 6 octobre 1576 (Op. cit. T. XIV, p. 307 .

Ordonnance de Blois de 1579 Op. cit. T. XIV, p. 428·.

Arrêts du Parlement de Paris du 10 janvier 1777 et du 26 juillet 1565 défendant : « A toutes personnes de quelque qualité et condition qu'elles soient, marchands ou autres, tant hommes que femmes d'exercer usure par eux ou par gens attitrés et interposés, ni de prêter deniers, sous ou autrement, sous peine. de confiscation de corps et de biens... » (Op. cit. T. XXIV, p. 325).

Cpr. ordonnance du 6 août 1782 (Collection Isambert, T. XXVII, p. 208).

(2) Troisième concile de Latran, deuxième concile de Lyon, conciles de Nicée, de Cathage, de Vienne, etc.

était pas de même, nous l'avons vu, du commissionnaire en marchandises.

Quand le vendeur à privilége eut disparu, les diverses corporations se partagèrent ses attributions et il fut permis à tout particulier d'acheter des marchandises par commission ; seuls les *maîtres* avaient le droit de remplir les fonctions du commissionnaire vendeur dans les villes de maîtrise.

Les corporations disparurent à leur tour. Turgot leur porta le premier coup : l'édit de février 1776 est intitulé : *Edit portant suppression des jurandes et communautés de commerce arts et métiers*, et l'art. 1ᵉʳ de cet édit est ainsi conçu : *Il sera loisible à toute personne de quelque condition et qualité qu'elle soit, même à tous etrangers, d'embrasser et d'exercer dans tout notre royaume telle espèce de commerce et telle profession d'arts et métiers que bon leur semblera, même d'en réunir plusieurs.*

Cette réforme était trop brusque et trop absolue, elle souleva de vives protestations de la part des privilégiés privés de leurs droits sans aucune compensation et amena une réaction que constate l'édit d'août 1776, édit qui créa à nouveau dans la ville de Paris 6 corps de marchands et 44 communautés d'arts et métiers.

Enfin l'Assemblée nationale qui supprima dans la nuit du 4 août tous les priviléges, proclama ainsi la liberté du commerce: Mais le contrat de commission dont on avait déjà pu apprécier les nombreux avantages fut maintenu par les usages commerciaux.

Le Code de commerce de 1807 en fixa les règles dans un titre spécial et les lois du 28 mai 1838, 23 mai 1863, 18 juillet 1868 sont venues le compléter et le modifier.

Le Code de commerce s'occupe des commissionnaires en général dans les articles 94 à 96 ; la plupart des règles du mandat sont d'ailleurs applicables à la commission et nous aurons souvent à nous reporter aux textes du Code civil pour remédier à l'absence de dispositions précises sur la matière qui nous occupe.

Ce contrat est réglementé aujaurd'hui chez tous les peuples qui s'occupent du commerce, d'une façon presqu'uniforme. Cependant nous aurons à constater plus d'une fois entre notre législation et les législations étrangères de notables différences.

CHAPITRE Ier.

NATURE DU CONTRAT DE COMMISSION, SES DIFFÉRENCES AVEC CERTAINS CONTRATS ANALOGUES

Le Code de commerce (Art. 94) distingue deux sortes de commissionnaires : l'un qui agit sans nommer son commettant, l'autre qui fait connaître de qui il tient ses pouvoirs.

Il paraît difficile, au premier abord, de préciser en quoi ce deuxième commissionnaire diffère du simple mandataire, puisque l'art. 1984 C. C. définit le mandat ; l'acte par lequel une personne donne à une autre le pouvoir de faire quelque chose et en son nom. Il nous faut donc rechercher, tout d'abord, quels sont les caractères essentiels du contrat de commission ; nous examinerons dans un deuxième paragraphe, en quoi le commissionnaire diffère des autres intermédiaires commerciaux.

§ 2. — *Nature et caractère du contrat de commission.*

Il est intéressant d'établir immédiatement la différence qui existe entre le mandat et le contrat de commission ; les intérêts de cette distinction sont nombreux :

1° Le commissionnaire fait acte de commerce, le mandataire fait un acte civil ; de là d'autres différences relatives à la juridiction et aux moyens de preuves, différences qu'il nous suffit d'indiquer ici ;

2° Le mandat est, de sa nature, gratuit, ce caractère était même de son essence à Rome ; notre ancien droit, tout en respectant le principe, admit une certaine rétribution à titre d'honoraires et non pas à titre de salaire (1).

On est d'accord aujourd'hui, pour reconnaître que le mandataire peut être salarié, mais il faut pour cela une convention. Il est, au contraire, de la nature de la commission d'être salariée, et ce salaire a pris le nom du contrat lui-même, on l'appelle *commission*. Il se présume quand les parties ne se sont pas expliquées sur ce point ;

3° Le mandataire qui a fait certaines avances sur la chose qui lui était confiée a, pour se faire rembourser, le privilège de l'art. 2102, § 3 ; le commissionnaire, au contraire, a un privilège spécial qui lui est accordé par l'art. 95 C. C° et ce privilège garantit aussi bien les frais faits pour la conservation de la chose que tous autres déboursés et même les salaires qui sont dus ;

4° Le mandataire doit exécuter le mandat par lui-même, il serait responsable de la gestion de son substitué, à moins de convention contraire (1994, C. C.) On s'accorde à recon-

----

(1) Laurent, (T. XXVII, n°s 325 et suiv.), critique très-vivement cette distinction entre le salaire et les honoraires.

naître que le commissionnaire peut en général se substituer un tiers pour l'exécution de l'ordre (1).

Le mandat présente, d'ailleurs, de grands traits d'analogie avec la commission : chacun de ces contrats est dans sa sphère, l'un pour les affaires civiles, l'autre pour les affaires commerciales, un moyen de représentation. Tous deux aussi ont conservé ce caractère de bonne foi qui doit exister, à la vérité, et se rencontre aujourd'hui dans toutes espèces de conventions, mais qui doit être apprécié ici avec plus de rigueur que partout ailleurs, car la commission, comme le mandat reposent sur la confiance ; le dol et la fraude doivent être sévèrement réprimés. Tous deux aussi sont révocables, *ad nutum,* sans que la révocation puisse donner lieu, en principe du moins, à aucuns dommages-intérêts (2).

Quel est donc le caractère distinctif de ces deux contrats ? quel est le *criterium* qui servira à les distinguer l'un de l'autre ? quand y aura-t-il mandat et quand y aura-il commission ?

Certains auteurs, et avec eux plusieurs arrêts de la cour de cassation ont décidé que celui-là seul est commissionnaire qui agit sans nommer son commettant. Ainsi, le commissionnaire serait l'intermédiaire qui conclut en son propre nom, s'oblige seul, peut seul être actionné et actionner, et qui est tenu envers son commettant ; le mandataire, au contraire, serait l'intermédiaire qui opère au nom et pour le

(1) *V. Infrà.* Responsabilité. Ch. III § 3.
(2) V. *infrà*, chap. VI.

compte de son mandant, lequel est seul obligé, sauf stipulation contraire (1).

On comprend ainsi, dit-on, dans ce système, les avantages que la loi attache à la qualité de commissionnaire. Celui qui ne nomme pas son commettant prête à celui dont il traite l'affaire l'appui de son crédit auprès des tiers contractants ; peu importe, dès lors, à ces tiers la plus ou moins grande solvabilité de celui que le commissionnaire représente, ils n'ont pas besoin de s'en enquérir, ce n'est pas avec lui qu'ils traitent. L'opération gagne ainsi en célérité. Le commettant trouve sa part dans ces avantages ; il y trouve, de plus, le secret qui est une des conditions de succès d'un grand nombre de transactions. Agissant sous le couvert de son commissaire le commerçant peut se livrer, en toute sécurité, sur une même place, à des ventes et à des achats qui exciteraient la défiance, s'ils étaient réalisés par lui, et qui seraient peut-être rendus impossibles par ce fait même.

Peut-on faire valoir toutes ces considérations en faveur de l'agent qui ne nomme pas son commettant ?

De plus, ajoute-t-on, le Code de commerce consacre cette différence : l'art. 94 renvoie, en effet, aux règles du mandat en ce qui concerne le commissionnaire qui nomme son commettant. Cela montre bien qu'entre ce commissionnaire et le mandataire, il y a parité de situation ; des deux

(1) Bravard-Veyrières, T. II, p. 232. — Pont, T. I, n° 287. — Locré, *Esprit du Code de commerce*, T. I, p. 237.
Cass., 30 avril 1852. — D. P. 1852-1-254 ; 30 avril 1853 — D. P. 1853, 5 — 40.

cotés l'on appliquera les art. 1990 et 1997 : un incapable pourra recevoir une commission comme un mandat, la responsabilité de l'agent ne sera nullement engagée. Si le deuxième alinéa de l'art. 94 C. C° appelle commissionnaire celui qui agit au nom du commettant, cela tient à une erreur de rédaction : le projet du Code de commerce art. 55; qui contenait cette disposition, fut supprimé sur l'observation du tribunal de Marseille, que ce n'était là qu'un mandataire ; malheureusement, on ne corrigea pas en ce sens l'art. 56 du projet devenu le 2° alinéa de l'art. 94. C'est un oubli.

En résumé, d'après ce système, le *criterium* qui servira à distinguer la commission du mandat est le suivant : l'agent opère-t-il en nommant son mandant ? il y a mandat ; agit-il en son nom personnel ? il y a commission ; de sorte qu'il y aurait à la fois un mandat commercial et un mandat civil, une commission commerciale et une commission civile (1).

Nous ne saurions adopter ce système, et nous pensons que l'existence du contrat de commission est indépendante de la façon dont il est accompli.

Suivant nous, la différence entre le mandat et la commis-

---

(1) En ce sens : Loi belge du 5 mai 1872. L'art. 13 de cette loi désigne sous le nom de commissionnaire celui-là seulement qui agit *au nom d'autrui.*

D'après le Code de commerce allemand : lorsque le commettant a expressément stipulé que l'opération serait faite en son nom, il n'y a plus commission mais simple mandat (Art. 360).

7

sion réside dans la nature de l'opération confiée : est-elle commerciale ? il y a commission ; est-elle civile ? il y mandat. Peu importe, après cela, que l'agent fasse connaître ou taise le nom de celui qui lui a donné pouvoir, les modes d'exécution peuvent varier, et, à cet égard les effets peuvent être différents en ce qui concerne les tiers ; mais, quant aux parties, elles sont toujours liées par le même contrat, les effets doivent toujours être les mêmes.

L'art. 94 C. C° ne distingue-t-il pas deux sortes de commissionnaires et peut-on trouver un meilleur argument que le texte même de la loi ? On fait observer à la vérité, dans l'opinion contraire, qu'il y a dans cet article une erreur de rédaction, mais cette erreur, à supposer qu'elle ait existé et que la controverse ait pu s'établir autrefois sur ce point, n'est plus admissible aujourd'hui, depuis la loi du 23 mai 1863 : l'art. 94 C. C° reproduit exactement les dispositions des anciens art. 91 et 92 C. C°.

Le *criterium* proposé par le premier système n'est pas suffisamment sûr. Nous comprendrions, en effet, que la différence qu'on propose entre le mandat et la commission pût être admise, si elle s'observait toujours, et si, toujours, le commissionnaire devant agir en son nom propre, le mandataire nommait son mandant ; mais tout le monde reconnaît que le mandataire peut très bien agir sans nommer son mandant, l'élection de command n'est pas autre chose. C'est là une exception ! peut'importe, elle suffit à démontrer le peu de solidité du système.

A quoi bon imaginer une terminologie toute différente

de celle qu'emploie le Code ; les art. 1984 et suivants ne
font aucune allusion à la commission civile. En se servant
improprement de ces termes, on confond deux contrats
parfaitement distincts qui se différencient, non seulement
par leurs noms, mais encore par les obligations qu'ils
engendrent.

Le commissionnaire peut agir aussi bien en son nom
qu'au nom de son commettant et l'on comprend que les
tiers aient intérêt à savoir au nom de qui l'agent a traité ; la
personne obligée à leur égard, n'étant pas la même dans les
deux cas ; mais en quoi les rapports qui s'établissent entre
le mandant et le mandataire peuvent-ils être modifiés par
cette circonstance : le contrat qui les unit est indifférent à
l'opération qui en est la conséquence.

Il est faux de prétendre, au surplus, que toujours le
commettant ait intérêt à laisser ignorer son nom aux tiers ;
on préférera souvent traiter directement avec le commissionnaire, dont la situation est connue sur la place, mais
personne n'hésiterait à traiter, à entrer en relations avec
une maison dont les affaires sont tellement prospères, que
sa solvabilité ne fait aucun doute ; parfois même le commettant aura intérêt à ce qu'on sache que le commissionnaire agit pour lui et qu'il n'est que son intermédiaire auprès
des tiers. Ces deux formes de la commission répondent donc
toutes les deux aux besoins du commerce, et la différence
qu'on voudrait établir entre elles ne saurait aucunement se
justifier.

« Le commissionnaire qui agit en son propre nom et le

commissionnaire qui agit au nom du commettant, tiennent également leurs pouvoirs de celui pour qui ils agissent ; rien de plus évident. Tous deux sont également mandataires ; seulement l'un cache son mandat, l'autre ne fait pas mystère du sien. Là est toute la disparité ; encore n'a-t-elle d'effet que dans l'exécution. Celui-là qui garde le secret ne cesse pas plus d'être mandataire du commettant qu'un commandé ne cesse d'être le mandataire du command pour compte duquel il achète sous son propre nom. Chacun d'eux reste toujours à l'égard de qui les fait agir dans les mêmes droits et les mêmes devoirs que tout autre mandataire qui aurait nommé son mandat. A ce point de vue, impossible d'apercevoir la plus minime différence, *ne pilum quidem* ; l'esprit ne la conçoit pas..... Toutefois l'identité n'existe qu'à l'égard du mandant. Relativement aux tiers, plus de parité, car l'un des commissaires s'engage seul envers eux ; l'autre, au contraire, ne leur engage que le commettant ; différence unique, mais importante..... Marquer cette différence, tel fut l'objet de l'art. 92 du Code de commerce de 1807, article que le deuxième alinéa de l'art. 94 a reproduit textuellement (1). »

Ce système est d'ailleurs celui de nos vieux auteurs sur la matière : Savary conseille même au commissionnaire d'agir autant que possible au nom de son commettant, afin de dégager sa responsabilité de l'entreprise : « Autant qu'il le

---

(1) Delamarre et Lepoitvin : *du Contrat de commission*, T. II, nos 255, 256.

pourra, il ne doit point se constituer débiteur en son nom envers ceux de qui il achétera des marchandises ; mais il doit prendre pour le compte des commettants en leur faisant donner débit sur les livres-journaux des vendeurs, afin de ne point s'engager avec eux à une autre garantie, qu'à celle que les marchandises par lui achetées sont effectivement pour le compte de ceux pour qui il a déclaré les acheter (1). » Emérigon constate formellement les deux aspects que peut revêtir la commission : « En règle générale, dit-il, le commissionnaire qui agit en sa qualité de préposé ne s'engage pas en son nom propre..... mais le commissionnaire qui contracte en son nom s'oblige sans distinction vis-à-vis du tiers avec qui il contracte. »

Enfin les peuples les plus commerçants du monde, l'Angleterre, les Etats-Unis, la Hollande, l'Espagne, font la même distinction que notre Code de commerce et accordent au commissionnaire les mêmes droits et privilèges, soit qu'il ait agi en son nom propre, soit qu'il ait agi au nom de son commettant (2).

(1) Savary : le Parfait négociant, § 3 ch. II.

(2) Etats-Unis, Angleterre ; V. Chitty : The commercial and general Lawyer, p. 246 et suiv. p. ; Russel : A treatise on mercantile agency, p. 230 ; — Story commentarie on the law of agency, p. 332 et suiv.; Colfavru : Le droit commercial comparé de la France et de l'Angleterre ; — Hæchter, Sacré et Leonel-Oudin : Manuel de droit commercial français et étranger, p. 355 et suiv.

L'agent correspond dans la loi anglaise à notre commissionnaire ; le commettant se nomme principal. On distingue deux espèces d'agents : les facteurs (factors) qui ont la possession des choses appartenant au principal et qui peuvent en disposer et les brokers qui

Le véritable caractère distinctif du contrat de commission est donc dans la nature commerciale de l'objet. C'est un contrat dans lequel une personne charge une autre de faire pour elle un ou plusieurs actes de commerce.

Il peut arriver que l'acte, commercial pour l'une des parties, soit civil pour l'autre ; les règles de la commission sont-elle encore applicables, et notamment celui qui se charge de remplir l'acte dont il s'agit sera-t-il salarié de plein droit ? Y aura-t-il acte de commerce, la compétence devra-t-elle être attribuée à la juridiction consulaire ?

On a proposé, à ce sujet, une distinction : si le mandataire agit en son nom et qu'il soit commerçant, il y a commission ; s'il n'est pas commerçant l'acte n'étant pas commercial en ce qui le concerne, il y a simple mandat. De même s'il agit au nom du mandant, on recherchera pour connaître quelle est la qualité de l'acte, quelle est la qualité de ce mandant.

« Si vous devez agir en mon nom, dit M. Clamageran, alors vous n'êtes autre chose que mon organe, *nudus minister* ; c'est moi qui agis par l'intermédiaire de votre personne, c'est moi qui parle par votre bouche, c'est moi qui contracte et qui m'oblige. Vous n'êtes rien aux yeux des tiers, tout se passe entre eux et moi.

sont investis des mêmes pouvoirs que les agents précédents mais qui s'en distinguent en ce qu'ils n'ont pas la possession. Quant à ceux qui font le commerce de commission pour des correspondants étrangers, on les nomme *commission agents* (agents à la commission).

Code espagnol, art. 118 et 117 ; C. hollandais, art. 78 et 79.

Si vous devez agir en votre nom, les choses changent d'aspect. Ce n'est plus moi qui agis, c'est vous ; c'est vous qui contractez, qui vous engagez vis à vis des tiers (1)..»

Ce système confond encore, croyons-nous, les rapports entre les tiers et celui avec qui ils traitent, avec les rapports existants entre les parties qui interviennent au contrat de commission.

Nous ne recherchons pas, en effet, quels peuvent être les droits des tiers et quel est le caractère de l'acte à leur égard. C'est là un ordre d'idées complètement étranger à la nature du contrat de commission considéré en lui-même, puisque dans ce contrat, deux parties seulement sont en présence : le commettant et le commissionnaire.

MM. Delamarre et Lepoitvin pensent qu'il y aura commission toutes les fois que l'acte sera commercial d'un côté ou de l'autre.

« Quand je charge un commerçant d'une commission dont il ne peut s'acquitter qu'en faisant un acte de commerce ; je m'assure à bon escient, contre un tel mandataire, des avantages qu'aucune autre voie ne m'aurait procurés, une justice rapide, la contrainte par corps, l'exécution provisoire et sa mise en faillite s'il manque à ses engagements. Il faut donc aussi, par une juste réciprocité, lui garantir les principaux avantages de sa profession, le salaire et le privilège, conséquences légales de son acte. »

Quant au second aspect de la question, les savants au-

(1) Clamargeran, *du Louage d'industrie, du mandat et de la commission*, n° 348.

teurs que nous citons l'envisagent de la façon suivante :
« Il est tombé en controverse de savoir si le contrat de commission se forme entre un commerçant (habituel ou acci-
dentel), qui commet une affaire commerciale par rapport à
lui seulement à un non commerçant, lequel se charge du
mandat..... A la différence de l'espèce précédente, le mandat
est dans celle-ci, commercial de la part de celui qui le donne
parcequ'il est commerçant, et de la part de celui qui l'accepte,
parceque le fait de celui-ci étant un moyen de commerce la
loi le répute commercial, comme elle répute tel le courtage
qui n'est pas un commerce mais un autre moyen de commerce (1). »

Ce système nous paraît trop absolu : si le non commerçant qui donne mandat à un commissionnaire de profession
de faire pour lui certains achats ou certaines ventes de marchandises, fait acte de commerce ; la conséquence rigoureuse
est que le tribumal de commerce devient compétent *ratione
materiæ* pour juger de toutes les contestations qui pourront
naître entre le commettant et le commissionnaire.

MM. Delamarre et Lepoitvin ne vont cependant pas jus-
que-là : ils décident que le non commerçant ne pourra pas
être arraché à ses juges naturels et qu'il pourra demander
son renvoi devant sa propre juridiction où il jouira de toutes
les formalités et de tous les délais de la procédure civile.

Voilà qui n'est pas logique ! S'il est vrai que le non commerçant fasse acte de commerce lorsqu'il est partie dans

(1) Delamarre et Le Poitevin, *Du Contrat de commission*, T. I, n°s 42
et suiv.

un contrat de commission, il doit en subir toutes les conséquences ; pourquoi fixer arbitrairement une limite quelconque aux effets de ce contrat commercial et n'est-ce pas
une règle de procédure que le non commerçant devient
justiciable de la juridiction consulaire lorsqu'il a fait acte de
commerce ? (Art. 631 § 3) La compétence existe dans ce
cas *ratione materiæ*.

De plus, en appelant commissionnaire toute personne
qui se livre, par hasard, à un acte de commission, ce système méconnaît, croyons-nous, les termes de l'art. 632 C. C°
qui exige l'entreprise. Nous reviendrons bientôt sur ce
point.

MM. Lyon-Caen et L. Renault enseignent, au contraire,
que le contrat de commission n'existe que si le mandat est
commercial, à la fois, pour le commettant et pour le commissionnaire.

Nous nous rallions entièrement à ce système. Que l'acte
à accomplir doive être commercial pour le commettant, cela
est tout naturel puisque c'est pour son compte que l'intermédiaire agit et qu'il doit seul supporter les conséquences
bonnes ou mauvaises de l'opération ; mais il faudra de plus
dit-on dans notre système, que la personne chargée de conclure l'opération soit un commissionnaire de profession ou
du moins un commerçant qui à côté des affaires qu'il fait
pour son propre compte, en fait aussi pour le compte
d'autres personnes.

L'article 632 du Code de commerce qualifie acte de
commerce toute *entreprise* de commission et répute com-

mercial tout *acte* de courtage. Il y a entre ces deux termes une opposition manifeste : qui dit entreprise ne dit pas acte isolé. Sans doute « le commerçant qui n'a pas une entreprise de commission proprement dite, mais qui accomplit parfois des actes de commerce pour le compte d'autrui, conclut alors un véritable contrat de commission. Seulement cela résulte de ce que la loi admet la commercialité de tous les actes d'un commerçant se rattachant à son commerce (1). »

On essaie dans le système précédent de répondre à cette objection et l'on dit : Si les mots *toute entreprise de commission* avaient eu, dans la pensée du législateur la signification qu'on leur prête, et devaient être traduits par l'idée d'une profession habituelle, quel besoin de dire que celui qui se livre à une telle entreprise fait acte de commerce, puisque tous ses engagements sont réputés commerciaux par cela seul qu'il est commerçant de profession ?

C'est là résoudre la difficulté par la difficulté elle-même, et cet argument spécieux ne renferme au fond qu'une pétition de principe. Pourquoi, en effet, le commissionnaire de profession est-il réputé commerçant si ce n'est parcequ'il fait habituellement des actes de commerce ; et en quoi consistent ces actes de commerce si ce n'est dans le fait de s'interposer habituellement entre le vendeur et l'acheteur ?

Dira-t-on que la rédaction de l'article 632 est vicieuse, qu'en effet une entreprise de commerce ne peut constituer

(1) Lyon-Can et L Renault : *Précis de droit commercial*, n° 499 *bis*.

un *acte* de commerce et qu'il faut nécessairement entendre ces mots dans le sens d'acte isolé ! Nous reconnaissons le bien fondé de cette critique : l'entreprise de commission constitue un *genre* de commerce et non pas un acte isolé ; mais le sens de ces mots n'est cependant pas douteux : il est clair que la loi a voulu parler de l'acte de l'*entrepreneur de commission* et elle a dit que cet acte serait commercial, d'où cette conséquence, conséquence que MM. Delamarre et Lepoitvin prennent pour le principe, que l'entrepreneur de commission est commerçant.

Il faudra donc qu'il s'agisse d'un entrepreneur de commission pour que l'acte isolé de commission soit réputé commercial ; autrement, il n'y aurait dans le fait de l'agent intermédiaire que l'exécution d'un mandat, commercial en ce qui concerne le mandant, mais civil en ce qui concerne le mandataire non marchand. ·

Si l'ordre est donné par un non commerçant à un commissionnaire de profession ou à un commerçant, il y aura lieu d'examiner si l'affaire est commerciale pour le mandant. En ce qui concerne le commissionnaire, comme chacun de ses actes est réputé acte de commerce, si l'acte est également commercial pour le commettant, le mandat sera commercial pour chacune des deux parties : il y aura commission (1).

(1) Décidé que les avances faites par un commissionnaire sur des denrées à lui expédées par un commettant *non marchand* sont productives de l'intérêt commercial. Bordeaux, 17 janvier 1839. D. P. 1839. 2, 114 ; Rouen, 4 avril 1843, D. P. 1844. 2, 8.

Mais si l'ordre a été donné par ce non marchand d'acheter pour ses besoins personnel certaines denrées ou marchandises, ou par un propriétaire de vendre les produits de sa culture on ne peut pas dire que celui qui exécute cet ordre accomplisse un acte qui soit acte de commerce à l'égard de celui pour le compte de qui il est fait ; et ainsi, d'après la définition que nous avons donnée de notre contrat, le contrat de commission n'est pas parfait, bien que cependant l'engagement pris par le commissiounaire soit commercial, et qu'il en doive résulter pour lui toutes les conséquences ordinaires des actes de commerce : l'acte est *mixte*, à la fois civil et commercial.

La jurisprudence ne fait pas cette distinction et consacre unanimement le premier systême.

Les gérants d'un propriétaire de la Martinique avaient adressé à un commissionnaire de Nantes un certain nombre de barriques de sucres avec ordre de vendre et de verser le prix entre les mains du propriétaire de la plantation qui habitait Paris. La vente fut effectuée mais le prix ne fut pas payé et ce fut seulement 13 ans après, c'est-à-dire en 1840, que le liquidateur de la maison de commission s'aperçut de cette omission et offrit au commettant de lui rembourser le capital. Le commettant exigea de plus les intérêts à raison de 6 %. Mais le commissionnaire répondit que cette prétention était injuste puisque les sommes appartenant au mandant avaient toujours été à sa disposition, qu'en tous cas il y avait lieu d'appliquer la prescription de l'art. 2277 C. C. que, dès lors, les intérêts qui pourraient être dûs pour les cinq dernières années devraient être calculées à raison de 5 % et non de 6 %.

Le tribunal de commerce de Nantes, par un jugement du 13 avril 1842, admit les conclusions du commettant, mais sur appel la cour de Rennes condamna le commissionnaire à payer cinq années seulement d'intérêts calculés à raison de 5 %. Cet arrêt, insuffisamment motivé, d'ailleurs, et dans lequel les caractères de l'acte à apprécier n'avaient pas été dégagés fut déféré à la cour de cassation.

Dans son arrêt du 7 mai 1845, la cour suprême cassa l'arrêt de la cour de Rennes en se fondant sur ces motifs qu'il s'agit du produit de marchandises expédiées à une maison de commerce et vendues par cette maison pour le compte du commettant ; « Qu'ainsi l'opération est *commerciale* et que dans l'absence de toute stipulation sur le taux des intérêts ils devaient être alloués à raison de 6 % sans retenue, conformément aux dispositions de l'art. 2 de la loi du 3 septembre 1807 ; »

Que, de plus, les intérêts qui *dérivaient seulement de la nature du contrat de commission* n'étant point payables par année ne se trouvaient pas soumis à la prescription de l'article 2277 C. C. (1).

_____

(1) Cass. 7 mai 1845. D. P. 1845. 1. 305. Cass. 18 février 1836. D. P. 38 1. 395. Cass. 18 février 1836. Dalloz J. G. V°, *Prêt à intérêts*, n° 136. — Laurent, *Droit civil français*, T. XXVIII, n° 13.

Décidé que les avances faites par un commissionnaire sur des denrées expédiées par un commettant *non marchand* sont productives de l'intérêt commercial. Bordeaux, 17 janvier 1839. D. P. 39. 2. 114. — Rouen, 4 avril 1843. D. P. 44. 2. 8.

La cour de Douai a décidé récemment dans le même sens que le mandat donné par un individu à un autre de lui procurer un associé pour une entreprise commerciale constitue un acte de commerce, et que, dès lors, le tribunal de commerce est compétent pour connaître de l'action du mandataire en paiement de la rémunération qu'il prétend lui être due.

Voici l'espèce : Un individu non commerçant avait chargé un autre individu également non commerçant, de lui procurer un associé pouvant lui apporter les fonds nécessaires à la fondation d'une société commerciale. Après l'exécution de l'ordre, le mandataire réclama à son mandant le salaire qui lui avait été promis, et sur son refus, l'assigna devant le tribunal de commerce de Roubaix. L'exception d'incompétence fut soulevée par le défendeur, mais le tribunal la repoussa en se fondant sur ces motifs : que la convention avait pour objet et pour but précis la recherche d'un associé commercial ; que, dès lors, si l'on considère le mandat donné au demandeur à l'effet de rechercher l'association désirée, il y a lieu d'observer (?) que ce mandat devient commercial ; qu'ainsi les difficultés relatives à ce mandat sont de la compétence de la juridiction consulaire.

Ce jugement fut confirmé par la cour de Douai dans un arrêt du 31 janvier 1876 (1).

Tel est le système de la jurisprudence : on se borne à *affirmer* que le mandat commercial pour l'une des parties le

(1) Sirey, 1876. 2. 296.

devient également pour l'autre ; l'on ne dit pas pourquoi cet effet se produit, et cela malgré les dispositions restrictives de l'art. 632 qui ne qualifie acte de commerce que l'*entreprise de commission.*

Le contrat de commission est salarié s'il n'y a convention contraire. Ce salaire varie avec l'importance de l'opération. Il est d'un tant pour cent sur la valeur brute du marché. Nous verrons qu'il est dû après la conclusion de l'opération.

Nous sommes donc en présence d'un contrat commutatif, synallagmatique imparfait.

De plus comme il importe au commettant que le commissionnaire ne traite qu'avec des commerçants d'une solvabilité parfaite, sans accorder confiance aux apparences d'un crédit mensonger, le commissionnaire pourra prendre à sa charge tous les risques de l'opération en échange d'un droit de commission supplémentaire nommé le *ducroire* (1).

§ 2. — *Comparaison entre la commission et d'autres relations similaires.*

I. — Le commissionnaire se distingue du préposé en ce que le préposé loue véritablement ses services, c'est un commis chargé de représenter le maître au nom duquel il agit dans toutes les opérations de son commerce. Le préposé loue ses services et ainsi il doit garantie de ses faits personnels : il ne peut pas être en même temps le pré-

(1) V. *Infrà.* Ch. IV.

posé de deux commerçants exerçant le même commerce, il ne peut même pas faire le commerce en son propre nom (1). Il est justiciable du tribunal de commerce, mais c'est là une exception car il n'est pas commerçant. Le commissionnaire de profession est, au contraire, un négociant ; son salaire n'est pas invariable, il est plus ou moins élevé suivant que l'affaire est plus ou moins importante, ou que les risques à courir sont plus ou moins nombreux. Rien n'interdit au commissionnaire d'accepter en même temps plusieurs commissions de même nature, de différents négociants ; nous verrons même, plus loin, une question intéressante résulter de cette multiplicité d'intérêts dont le commissionnaire se trouve chargé. Nous faisons allusion à la question des doubles factures.

On s'est demandé si le commissionnaire peut se charger d'une manière générale d'accomplir pour le commettant un certain ordre d'affaires. En d'autres termes, les affaires dont se charge le commissionnaire doivent-elles être spécialement et individuellement déterminées ? Nous ne le pensons pas. L'ordre général est de la part du commettant la manifestation d'un consentement tacite à chaque nouvelle opération, et l'on a pu comparer très justement à une sorte de tacite reconduction le maintien des pouvoirs du commissionnaire. De cette idée générale qu'entre le préposé et le préposant intervient un contrat de louage de services résultent encore les différences suivantes avec le commissionnaire :

(1) Dans le même sens, *Code espagnol*, art, 180.

(*A*) La commission prend fin par la mort de l'une des parties, le louage de services par la mort de l'ouvrier seulement (1795, C. C.);

(*B*) Le commissionnaire est toujours révocable, celui qui loue ses services doit être indemnisé en cas de révocation (1794, C. C.);

(*C*) La solidarité existe de plein droit entre tous les commettants, elle doit être stipulée entre co-locateurs;

(*D*) Le privilège du commissionnaire n'est pas le même que celui du préposé (Cpr: 95, C. C° et art. 2101, C. C.)

II. — La différence entre le commissionnaire et le *courtier* était plus sensible avant la loi de 1866 qui supprima le monopole des courtiers en marchandises, mais la différence capitale qui existait entre ces deux professions a subsisté :

(*A*) Le courtier n'agit jamais en son nom pour le compte d'un commettant; son rôle se borne à trouver un acheteur à celui qui veut vendre, un vendeur à celui qui veut acheter ; il met les parties en présence, constate l'opération sur son carnet et n'y participe pas autrement.

(*B*) Il est sévèrement interdit au courtier de prendre un intérêt dans les affaires dont il est chargé, « tout courtier qui sera chargé d'une opération de courtage pour une affaire où il aurait un intérêt personnel sans en prévenir les parties auxquelles il aura servi d'intermédiaire sera poursuivi devant le tribunal de police correctionnelle et puni d'une amende de cinq cents francs à trois mille francs..... S'il était inscrit sur la liste des courtiers, il sera rayé. »

(*C*) Toute personne qui peut faire le commerce peut être commissionnaire ; il existe encore, au contraire, certains courtiers privilégiés, ce sont les courtiers d'assurances maritimes (art. 79 C. C°) et les courtiers interprètes et conducteurs de navires qui font le courtage des affrètements (art. 80 C. C°) ; enfin, il y a des listes de courtiers dressées par le tribunal de commerce, et sur lesquelles on ne peut être inscrit sans réunir un certain nombre de qualités. Ces courtiers inscrits peuvent seuls procéder aux ventes publiques qui, dans divers cas prévus par la loi, doivent être faites par le ministère d'un courtier.

(*D*) Toute opération de courtage constitue un acte de commerce, les actes de commission ne sont pas toujours des actes commerciaux.

III. — Le commissionnaire ne doit pas être confondu avec l'*agent de change*.

Les agents de change ont conservé pour les opérations de bourse le monopole qui appartenait autrefois aux courtiers en marchandises : mais à la différence des courtiers et comme le font, le plus souvent, les commissionnaires, ils traitent en leur nom pour le compte de leurs clients. Cette manière d'agir est pour les agents de change une obligation ; l'art. 19 de l'arrêté du 27 prairial an X les oblige, en effet, à garder le secret le plus absolu aux personnes qui les ont chargés de négociations de bourse ; de là cette conséquence qu'ils doivent toujours acheter ou vendre en leur nom et se constituer ainsi personnellement responsables des suites de l'opération. Cette obligation n'est cependant pas aussi rigoureuse qu'elle le paraît, car l'arrêté du 27 prairial an X défend aux agents de change d'acheter sans une provision suffisante et de vendre sans avoir par devers eux les titres à négocier ; ils ne sauraient, sans sortir des règles de leur profession et même s'exposer à des poursuites disciplinaires, avancer à leurs clients les sommes nécessaires à leurs opérations.

Le commissionnaire, au contraire, traite tantôt en son nom, tantôt au nom de son commettant ; il rentre dans ses obligations de faire l'avance des frais occasionnés par la marchandise, il peut même, par anticipation, fournir à son commettant les sommes représentatives du prix probable des marchandises (1). Rien ne s'oppose à ce qu'il fasse le commerce pour son compte et ses fonctions peuvent s'étendre sur toutes espèces de marchandises tandis que l'agent de change se borne aux négociations des effets publics des lettres de change et des matières métalliques (76 C. C°).

1) V. *Infrà*. Privilège du Commissionnaire.

CHAPITRE II

FORMATION DU CONTRAT

Le contrat de commission est parfait lorsque les parties capables y ont consenti et que l'objet du contrat est licite. Il doit être prouvé pour produire effet.

§ 1. — *Capacité.*

Les règles du droit commun sur la capacité de contracter sont entièrement applicables en matière de commission ; toute personne peut donc, en principe, donner ou recevoir une commission comme un mandat.

Certaines incapacités résultent, comme en droit civil, de la minorité, de l'interdiction ou de l'état de femme mariée (1) d'autres spéciales au commerce tiennent aux fonctions exercées et sont édictées tant par la loi que par des règlements spéciaux : ainsi les magistrats, les avocats, les

_____

(1) Les mineurs et les femmes mariées habilités à faire le commerce ne doivent évidemment pas être rangés au nombre des incapables.

notaires, les agents de change, à qui il est interdit de faire
le commerce ne pourraient pas non plus être commissionnaires ou commettants. Il en est de même des courtiers
d'assurance et des courtiers maritimes. Les premières sont
des incapacités de protection, les autres des incapacités
d'ordre public (1).

Mais supposons que malgré son incapacité, un incapable
de la première catégorie, un mineur, par exemple, ait accepté la commission, quels seront les effets de ses actes.

Vis-à-vis du commettant, le mineur ne sera pas lié par
ses engagements en ce sens que le commettant ne pourra
lui demander l'exécution du contrat ni le rendre responsable des fautes commises dans l'accomplissement de
l'ordre.

(1) Le commerce est interdit :

1° Aux magistrats (Ordonnance de 1560, art. 109 ; Edit de mars
1765 ; Loi du 20 avril 1810, art. 49 et suiv.) ;

2° Aux avocats (Décret du 14 décembre 1810, art. 18, Ordonnance
du 20 novembre 1822, art. 42) ;

3° Aux avoués, cette interdiction qui n'est édictée par aucun
texte se fonde sur l'analogie et sur la nature de la profession elle-
même ;

4° Aux notaires (Ordonnance du 4 janvier 1843, art. 12 et 13) ;

5° Aux huissiers (Décret du 14 juin 1813, art. 41) ;

6° Aux consuls, élèves-consuls et chanceliers de consulats (Ordonnance du 3 mars 1781, tit. I, art. 20 ; Arrêté du 2 Prairial an II,
art. 22 ; Ordonnance du 20 août 1833, art. 34) ;

7° Aux officiers et administrateurs de la marine (Ordonnance du
31 octobre 1784, T. XIV, art. 19 ; arrêté du 2 prairial an II, art. 122) ;

8° Aux agents de change et courtiers (C. C°, art. 85.)

D'autres prohibitions sont relatives ; ce sont celles qui frappent
les *fonctionnaires* pour les entreprises qui leur sont confiées (Code
pénal, art. 175), et les *commandants militaires*, *préfets* et *sous-préfets*
(Code pénal, art. 176).

Quant aux tiers, si le mineur a traité en son nom personnel, ils n'auront pas non plus d'action contre lui si ce n'est en tant qu'il s'est enrichi à leurs dépens et dans la mesure de cet enrichissement ; mais s'il a traité au nom de son commettant ils auront action contre ce commettant ; et réciproquement, le commettant pourra leur demander l'exécution de leurs promesses. Tel est le sens de l'art. 1990 C. C., et cela semble étrange au premier abord : la loi déclare le mineur incapable de contracter, puis elle le déclare capable de contracter un mandat, il semble qu'il y ait là une contradiction.

La contradiction n'est qu'apparente, car le mandataire traite au nom du mandant ; il suffit donc que le mandant soit capable, l'incapacité de l'agent est chose indifférente pour les tiers (1).

En vain le commettant et les tiers prétendraient-ils que le mineur était incapable de contracter, les principes généraux du droit suffiraient à leur répondre si le législateur n'avait pris soin de le faire dans l'art. 1990 C., car la nullité de l'engagement pris par un incapable ne peut être invoqué que par celui-là seulement en faveur de qui elle a été édictée.

La disposition de l'art. 1990 se justifie d'ailleurs pleinement par elle-même : « Le mandant, disait le tribun Tarrible, ne peut être soumis dans le choix du mandataire à d'autre règle que celle de sa confiance. Il est absolument

(1) Laurent. *Principes de droit civil français,* T. XXVII, n° 398.

indifférent à la tierce personne avec laquelle on doit traiter que le mandataire ait ou n'ait pas la capacité de contracter. Tout ce qui importe à cette personne, c'est d'observer si les intentions du commettant manifestées dans le mandat se raccordent avec ses propres vues et de veiller à ce qu'elles soient ponctuellement exécutées. Que le mandat ait été donné à un mineur ou à un majeur, à une femme mariée ou à un majeur jouissant de la plénitude de ses droits, la personne du mandataire disparaît comme un échafaudage devenu inutile après la construction de l'édifice et la transaction relative au commettant , seul intéressé, a toute la solidité dont il est susceptible. »

L'incapacité invoquée par le mineur entraîne l'annulation de la commission, en ce sens que le contrat ne pourra être invoqué contre le mineur ni par le commettant, ni par les tiers ; c'est là une situation rigoureuse, mais les tiers et le comettant ne peuvent s'en prendre qu'à eux-mêmes et à leur imprudence.

Il peut, d'ailleurs, arriver que le mineur, incapable de contracter en droit civil ou en droit commercial puisse cependant être déclaré responsable de sa faute en droit pénal. Il peut être *doli capax*. Dans ce cas, indépendamment de l'action publique, le commettant lésé peut exercer l'action civile et réclamer, non pas en exécution du contrat, mais à titre de dommages-intérêts les sommes représentatives de ses avances ou des marchandises livrées. Toutefois les juges ont, à cet égard, un pouvoir discrétionnaire absolu et s'il leur paraissait que le commettant soit en faute d'avoir confié des sommes d'argent à un jeune homme, l'existence de cette faute pourrait faire refuser tous dommages-intérêts (1).

La commission peut avoir été acceptée par une des personnes à qui la loi le défend, par un incapable de la deuxième catégorie. Tant qu'elle n'a pas été accomplie, le commettant n'a pas d'action, car il ne peut forcer son commissionnaire à enfreindre la loi où les règlements. Mais si la commission a été exécutée, le commissionnaire pourrait-il échapper à l'obligation de rendre compte en invoquant la nullité du contrat. Non évidemment ; on ne peut encourager la mauvaise foi : *Nemo auditur propriam turpitudinem allegans.*

A l'égard des tiers, les actes passés en vertu du contrat originaire de commission sont également valables, car cette prohibition n'est pas de la même nature que celle qui a été édictée en faveur des mineurs et des femmes mariées ; l'infraction à la loi ne pouvant avoir d'autre effet que de rendre celui qui l'a commise passible de pénalités ou de déchéances, sanction de cette infaction. Il y a lieu, cependant, d'excepter les cas où la commission aurait été donnée et acceptée contrairement aux dispositions des art. 175 et 176 C. P. Il y a délit et ceux qui y prennent part peuvent être considérés comme complices ; ils ne sauraient par conséquent se prévaloir mutuellement du contrat.

Si les incapables que nous venons d'énumérér ne peu-

(1) Dalloz. *Jurisprudence générale.* V° *Commissionnaire,* n° 25.

vent être commissionnaires, ils ne peuvent pas non plus
être commettants. Celui-là seul qui a la capacité de traiter
une affaire peut en conférer l'exécution à un autre ; les pouvoirs donnés sont nécessairement circonscrits dans ceux
qu'aurait le commettant lui-même s'il traitait ou agissait en
personne.

On comprend, en effet, qu'il serait trop facile d'éluder
la loi si l'on pouvait faire par personnes interposées ce
qu'il est défendu de faire directement.

Ici encore le mineur et la femme mariée qui auraient
donné une commission à un tiers peuvent, dans la mesure
de leur intérêt, en accepter les conséquences ou en invoquer
la nullité. Les personnes à qui la loi défend les actes de
commerce ne pourront pas, au contraire, se prévaloir de
leur faute pour faire tomber le contrat : les tiers contractants ou le commissionnaire suivant les cas, pourraient
seuls l'invoquer. La même observation que nous avons
faite au sujet du commissionnaire trouve ici sa place, et
aucune des parties n'aurait d'action, s'il y avait délit ; soit
à cause du rôle d'acteur principal, soit à cause du rôle de
complice qu'elle aurait joué dans l'opération. La capacité
est donc la règle, l'incapacité l'exception.

Il existe même des sociétés organisées dans le seul but
de remplir des actes de commission. L'art. 94 C. C° déclare
en effet que les commissionnaires peuvent être des sociétés
commerciales : sociétés en nom collectif ou en participation
et même sociétés anonymes, peu importe. Ce dernier point
qui avait fait difficulté en doctrine est entièrement admis

par l'usage et cet usage est en tous points conforme aux principes du droit. Une exception à la règle générale doit être clairement précisée par la loi pour exister : on ne saurait l'induire du silence des textes, sans restreindre évidemment la pensée de la loi et l'esprit du législateur (1).

Mais à quel moment la capacité doit-elle exister chez les parties contractantes, est-ce au moment où la commission est donnée ou au moment de son accomplissement ? Il est de principe que pour apprécier la validité d'un contrat, on doit se reporter au moment où il a été conclu. Si le commettant n'était pas capable au moment où il a consenti, il n'a pu transmettre aucun pouvoir efficace. La capacité qui surviendrait postérieurement ne pourrait avoir sur cet acte une influence rétroactive et le rendre valable ; un nouveau contrat devrait intervenir ; le consentement devrait être échangé à nouveau ou résulter tacitement des agissements de l'une et de l'autre partie.

Inversement, si le commettant ou le commissionnaire est devenu incapable au moment de l'exécution, la commission ne peut plus être exécutée, le contrat a pris fin, *ipso facto* ; nous verrons plus loin quelles exceptions peuvent apporter à cette règle la bonne foi des parties ou l'urgence de l'affaire.

§ 2. — *Consentement.*

Le contrat de commission, comme tous les autres con-

(1) Dalloz, J. G. *loc. cit.*

trats repose essentiellement sur le consentement des parties et ce consentement peut être exprès ou tacite.

Il est de principe, en droit commun, que le libre consentement des parties est nécessaire à la validité d'un contrat; le mandataire sollicité de remplir une mission quelconque est présumé ne pas accepter s'il garde le silence ou s'il n'exécute pas (1). Mais, dit M. Troplong, il ne peut en être de même pour les commissionnaires de commerce, ceux-là sont censés accepter le mandat par cela seul qu'ils ont reçu l'avis sans donner de réponse. Leur office est acquis, de droit, à quiconque le leur demande. Ils sont censés solliciter les clients et pour faire tomber la preuve manifeste qui ressort de cet état de choses, il faut qu'ils s'expliquent par un refus formel (2).

L'école italienne allait plus loin et ne permettait pas au commissionnaire de refuser son ministère :

« *Nam mercatores exercentes mercaturæ officium non possunt aliis mercatoribus operam suam denegare quoad ea quæ artem mercatoriam recipiunt et ideo tenentur ceterorum mercatorum ad eos recurrentium eòque magis suorum corresponsalium merces, res vel pecunias excipere ; mandata que ad eorum negotia expedienda eis data acceptare* (3).

On admettait, cependant, un tempérament à cette règle et le refus était autorisé: 1° S'il y avait un juste motif;

---

(1) Cass., 25 mai 1870, D. P., 70, 1, 257.

(2) Troplong. *Du Mandat*, n° 344.

(3) Casaregis. *Disc.*, 190, n° 5.

2° Si le refus n'était pas préjudiciable et si le commettant pouvait être immédiatement informé.

Ces principes rigoureux n'ont jamais été admis dans notre ancien droit et il est certain qu'ils ne doivent pas l'être davantage aujourd'hui. Sans doute, le commissionnaire offre ses services, mais il soumet cette offre à la condition que la nature des actes qu'on lui confiera lui agrée.

Nous pensons donc que le commissionnaire est toujours libre de refuser sans avoir besoin d'indiquer au commettant les motifs de son refus (1), Toutefois, la présomption qui existe en droit civil et en vertu de laquelle le mandataire qui ne contredit pas à la procuration est censé la refuser n'est pas la même en matière de commission : le commissionnaire doit informer le commettant de son acceptation ou de son refus ; le silence qu'il garderait ferait présumer son consentement.

Le commissionnaire doit notifier son refus, mais la notification doit en être faite en temps utile pour ne pas nuire aux intérêts du commettant; le Code espagnol exige qu'elle soit adressée par retour du courrier, le Code italien dans le plus bref délai (2) ; et nous pensons, malgré le silence

---

(1) Code italien, art. 72.

(2) Code espagnol, art. 120 : « Le commissionnaire est libre d'accepter ou de ne pas accepter le mandat du commettant ; mais s'il le refuse, il doit lui en donner avis courrier par courrier : en cas de négligence il est tenu à des dommages-intérêts. »

Code italien, art. 72 : « Le commissionnaire qui ne veut pas accepter le mandat doit, dans le plus bref délai possible, faire connaître son refus au commettant. »

de notre Code sur ce point que ces dispositions doivent également être observées.

Si le silence, accompagné de certaines circonstances, dit M* Massé, peut faire présumer un consentement, ce n'est pas le silence seul qui produit cet effet, mais bien les faits qui l'accompagnent et qui lui donnent une valeur qu'il n'a pas par lui-même. Ces faits sont, en général : l'obligation de répondre pour refuser ou manifester un dissentiment qui donne au silence la force d'un consentement, parce qu'on doit naturellement présumer que si celui qui se tait n'avait pas voulu consentir il aurait répondu ; et la cause la plus ordinaire de l'obligation de répondre, ce sont les relations qui existent entre les deux parties qui, en se liant, ont contracté le devoir de faire réciproquement ce qui est nécessaire au succès des affaires qu'elles traitent ensemble (1).

Le commissionnaire refuse et notifie immédiatement son refus au commettant. Sa responsabilité n'est pas encore complètement dégagée. Il doit prendre provisoirement les mesures les plus urgentes pour que le commettant ne soit pas constitué en perte, remettre l'ordre à un autre commissionnaire ou faire déposer en lieu sûr les marchandises qui lui ont été expédiées. C'est là une conséquence d'une profession qui appelle et provoque la confiance (2), car le commettant qui a expédié était en mesure de compter sur

---

(1) Massé. *Op. cit.*, T. III, n°s 1473 et 1474 ; Cpr. Bravard et Demangeat. *Droit commercial*, p. 227 et suiv.; Boistel. *Précis du cours de Droit commercial*, p. 343.

(2) Bédarride, *Commentaire du Code de Commerce*, art. 91 et 92, n° 15.

le concours de celui à qui il s'adressait et ce dernier doit tout au moins protéger la chose qu'on a voulu lui confier (1).

Il pourra même arriver que le commissionnaire soit obligé de faire certaines avances, de payer, par exemple, les frais de transport, d'octroi, de douane, etc. Mais il est bien certain qu'il ne sera nullement constitué en perte, par ce fait, la détention des marchandises étant la plus sûre garantie de remboursement de ces frais nécessaires.

On admet cependant, d'un commun accord, une exception à ce droit de refuser la commission quand le refus doit entrainer pour le commettant une prescription ou quelque déchéance grave. Le commisssionnaire est chargé v. g. de faire recouvrer, ou protester à défaut de paiement, une lettre de change qui lui parvient quelques heures seulement avant l'échéance. L'urgence ne permet pas au commissionnaire de notifier son refus en temps utile pour que le com-

(1) Delamarre et Lepoitvin. *Op. cit.*, T. I, nº 27.

L'art. 323 du Code allemand est en ce sens et décide que le tribunal de commerce peut « ordonner que la marchandise soit déposée dans un entrepôt public ou chez un tiers jusqu'à ce que le propriétaire prenne d'autres dispositions. »

Les art. 121 et 122 du Code espagnol portent que « le commissionnaire qui refuse de se charger du mandat est tenu de faire toutes les diligences nécessaires pour la conservation de la chose jusqu'à la nomination d'un nouveau mandataire. »

L'art. 57 du Code portugais est conçu dans les mêmes termes.

L'art. 72 du Code italien, dont nous avons déjà cité une partie, ajoute que « nonobstant son refus, le commissionnaire doit faire déposer en lieu sûr la marchandise et veiller à sa conservation jusqu'à ce que le commettant ait pu prendre les mesures qu'il croit de son intérêt. »

mettant puisse prendre des mesures efficaces. Ce commissionnaire doit-il présenter la traite à l'acceptation ou opérer le recouvrement dont le commettant l'a chargé? Nous le pensons. Il y a, en effet, dans ce cas, force majeure et le grave préjudice qui résulterait de l'inaction du commissionnaire nous paraît un motif suffisant pour accepter cette doctrine qui est celle des auteurs et de la jurisprudence (1).

Cette exception aux principes cesserait cependant si en même temps que certains frais de détail, d'autres frais beaucoup plus considérables que la valeur des marchandises, une amende, par exemple, devaient être supportés par le commissionnaire. Le commissionnaire pourrait, dans ce cas, se refuser à courir les chances du remboursement et il devrait remettre l'effet soit à un notaire soit à un huissier, les prévenant qu'il ne se porte en aucune façon garant des frais ou avances, et, sur leur refus, les faire commettre par justice (2).

Nous avons supposé jusqu'ici que l'offre venait du commettant, le contrat est parfait, avons nous dit, par l'acceptation expresse ou tacite du commissionnaire; mais l'offre peut venir de ce dernier. Quand pourra-t-on dire qu'il y a consentement?

Le commissionnaire est en relations fréquentes d'affaires avec le commettant et il lui écrit qu'à moins d'ordre contraire de sa part, il achètera pour son compte telles mar-

---

(1) Delamarre et Lepoitvin. T. II, n° 28 ; Bédarride. *Op. cit.*, n° 17 ; Le Jolis. *Du Mandat et de la Commission*, n° 554.

(2) Delamarre et Lepoitvin. T. II, n° 168.

chandises à tel prix. Le silence du commerçant à qui les offres sont faites fera naturellement présumer son consentement.

La question devient plus délicate si l'on suppose que les offres proviennent d'un étranger; les juges auront alors un pouvoir d'appréciation complet : il y aura lieu de considérer si les offres sont sérieuses, si elles étaient de nature à être acceptées par celui à qui on les a faites, et si l'offrant a manifesté son intention d'agir dans le cas où le commettant garderait le silence. Cette dernière condition est suivant nous capitale; le commettant ne pourrait pas être présumé avoir consenti s'il avait gardé le silence sur une de ces offres banales que la poste distribue chaque jour par milliers.

L'acceptation est donc nécessaire à la perfection du contrat; mais les offres peuvent-elles être rétractées et jusqu'à quel moment peuvent-elles l'être ?

Aussi longtemps que le contrat n'est pas formé, disent MM. Delamarre et Lepoitvin (1), chaque partie reste maîtresse de rétracter arbitrairement sa demande ou ses offres, mais cette liberté s'évanouit au moment même où la convention devient parfaite. Le lien de droit existe et ne peut être rompu que par un nouveau concours des volontés dont il émane. Voilà le principe. L'intelligence en est facile ; c'est dans l'application que les difficultés surviennent. Souvent, en effet, l'offre et l'acceptation n'ont pas lieu simultanément; un commerçant écrit à un commissionnaire de réaliser pour lui tel

_____

(1) *Contrat de commission*, T. I, n° 100 et suiv.

ou tel marché ; mais, et avant qu'il ait reçu la réponse du commissionnaire, il change d'avis et envoie contre-ordre. Le contre-ordre arrive lorsque le marché est déjà passé, peut-il être opposé au commissionnaire ? Non certainement, le consentement était parfait par la seule acceptation du commissionnaire, avant toute notification (1). La commission est, en effet, un contrat synallagmatique imparfait ; l'obligation principale est du côté du commissionnaire, l'obligation du commettant ne naîtra que dans la suite si le contrat est exécuté. On ne comprendrait pas dès lors pourquoi l'acceptation devrait être connue de lui avant toute exécution. Dans les contrats parfaitement synalagmatiques les deux parties contractent, par le fait de la convention, deux obligations actuelles qui forment réciproquement la cause l'une de l'autre. Au contraire, dans les contrats imparfaitement synallagmatiques, l'une des parties ne se soumet qu'à une obligation éventuelle subordonnée au cas où l'autre partie ferait des déboursés ou contracteraient quelqu'engagement pour l'exécution ou à l'occasion du contrat. Cette obligation éventuelle est tout au plus une suite, mais non la cause de l'obligation primitive qui forme l'objet direct du contrat » (2).

Si nous supposons que l'offre vienne du commissionnaire, nous devrons décider que le contrat ne sera parfait que par suite de la notification que lui fera le commettant de

____

(1) Delamarre et Lepoitvin. *Op. cit.* T, I, n° 97 ; Alauzet, *Commentaire du Code de commerce*, T. I. n° 382.

(2) Aubry et Rau, Sur Zachariæ, T. IV, § 343, n° 3.

son acceptation. Le mandataire ne peut agir avant de savoir s'il a reçu le mandat (1).

§ 3. — Objet et cause.

L'objet du contrat de commission est soumis aux règles du droit commun (1103 C. C.). Ce doit être de plus un acte de commerce. L'achat ou la vente d'un navire, un bloc de marchandises, la ferme, pour un certain temps d'une entreprises de transports, des opérations de banque, des contrats d'assurance sont susceptibles de faire l'objet d'un contrat de commission. Il n'en serait pas de même des spéculations sur les immeubles qui, dans l'état actuel de la jurisprudence, ne sont pas considérées comme actes de commerce (2).

La cause du contrat de commission doit être licite. Le commissionnaire ne pourrait servir d'intermédiaire pour le vol, l'usure, la contrebande, la fabrication d'œuvres dont la reproduction est interdite ou l'achat de marchandises dont

---

(1) Troplong. *Du mandat* ; n° 112 ; Delamarre et Lepoitvin. T. II, n° 58 ; Bédarride, Des Commissionnaires, n° 108.

(2) La controverse est très vive sur cette question : nous ne pouvons nous y engager sans sortir des limites de notre sujet. V. dans le sens de l'opinion émise ci-dessus M. Labbé, note Sirey, 1868, 2, 325. Paris, 14 mai 1812 ; Cass., 14 décembre 1819 ; Paris, 8 décembre 1830 ; Bourges, 10 mai 1843. — Dalloz, J. G. V° *Actes de commerce*, n° 39 et 49. — Cass. 4 juin 1850, D. P. 50. 1. 263. — Paris, 19 mai 1855. 2. 182. — Paris, 15 février 1868, D. P. 68. 2. 208.

En sens contraire : M. Garsonnet, *Revue critique*, T. XXXV, p. 325 et suiv. : Paris, 11 février 1837. — Dalloz, J. G. V° *Actes de commerce*, n° 41. — Paris, 21 avril 1849, D. P. 49. 2, 245. — Paris, 24 mai 1849. D. P. 50. 2. 11. — Paris, 18 octobre 1851, D. P. 54. 2. 245.

l'état s'est réservé le monopole (1). Doit-il en être de même des jeux de bourse ?

L'art. 421 C. P. punit les jeux de bourse quand ils ont pour objet des effets publics ; il y a donc là un acte illicite, mais il est muet sur la question des jeux sur marchandises, faut-il en conclure que ces sortes de jeux soient permis ?

L'art 1965 C. C. donne réponse à cette question en décidant qu'aucune action n'est accordée à raison d'une dette de ce genre.

La question est intéressante en ce qui nous concerne, car la plupart des spéculations sur les marchandises se font par l'intermédiaire des commissionnaires ; elles se règlent par des différences ou donnent lieu aux marchés sur filière. Le commissionnaire qui intervient dans ces sortes d'actes se verra-t-il opposer, lui aussi, l'exception de jeu et pourra-t-il être constitué en perte par ce fait que le commettant de mauvaise foi ne voudra pas reconnaître la régularité de l'ordre qu'il lui aura donné ?

Il y a jeu, dit la jurisprudence, dans un marché qui ne doit se résoudre qu'en paiement de différences (2) ; et le commissionnaire par l'intermédiaire duquel a eu lieu l'opération est sans action contre son commettant. Il ne peut, par suite, si ce dernier n'exécute pas le marché qui s'est soldé par un déficit en poursuivre la résolution avec dommages-intérêts. Par un juste sentiment de réciprocité l'on décide que

---

(1) Dalloz, J. G. Vᵒ *Commission*, nᵒ 33.

(2) Douai. *Jurisprudence de la cour de Douai*, année 1880.

le commettant ne peut, de son côté, réclamer contre ce même commissionnaire les sommes provenant du prix des marchandises qu'il lui a envoyées avec mandat de les vendre et d'en appliquer le prix au paiement des différences à sa charge si ces sommes ont reçu la destination prévue (1).

(1) En considérant comme jeu les marchés qui se règlent par des différences et en refusant toute action de ce chef aux commerçants qui s'y livrent, on a voulu atteindre la spéculation et la fiction qui recouvre ces marchés. L'opération qui doit se résoudre en un simple réglement de différences constituant un pacte illicite, les tribunaux décident qu'ils peuvent d'office en prononcer la nullité quand même cette nullité ne serait pas invoquée par les parties. Le juge devra donc apprécier l'intention des parties et rechercher s'il y a eu, d'un côté, la volonté de transmettre, de l'autre la volonté d'acquérir. Cass. 30 novembre 1852. D. P. 43. 1. 421 ; Paris, 11 mars 1851, D. P. 51. 2. 217 ; Cass., 27 janvier 1852, D. P. 52. 1. 291 ; Cass., 1er avril 1856, D. P., 56. 1. 148.

L'arrêt de cassation du 1er avril 1856, notamment, a décidé que les arrêts du conseil d'Etat du 7 août, 2 octobre 1785, 22 septembre 1886 et 14 juillet 1787, qui décident que pour être valables les marchés à terme ne doivent pas excéder le délai de deux mois, et qu'il faut que le vendeur dépose au moment de la vente les effets à vendre ou des titres constatant qu'il en a la propriété, ne s'appliquent qu'aux jeux de bourse sur les effets publics et ne doivent pas être étendus aux ventes à terme sur marchandises. Ces arrêts ne peuvent être invoqués à l'effet d'établir qu'une vente à terme de marchandises constitue un marché réel et sérieux, comme réunissant ces deux conditions de validité.

Il est impossible d'énumérer toutes les circonstances dans lesquelles il y aura jeu ; la jurisprudence reconnaît ce caractère aux faits suivants :

Une des parties ne fait plus le commerce et n'a pas de magasin ; à la double époque du marché et de la délivrance, ni l'une ni l'autre des parties n'a eu en possession les marchandises mentionnées au contrat ; une vente de marchandises a été consentie, mais le vendeur n'a pas été mis en demeure de livrer. D. P., 1856. 1. 148. — D. P., 18-67. 2. 191. — Dalloz, J. G. Vo Jeu, pari, no 20.—Laurent, Droit civil français, T. XXVII.

Le commissionnaire peut dès lors se trouver dans cette situation bizarre et fâcheuse que vis-à-vis du comettant il y ait jeu, acte illicite, contrat nul par conséquent, mais que vis-à-vis du vendeur ou de l'acheteur, du tiers avec lequel il traite, le contrat soit parfaitement régulier et qu'ainsi il soit personnellement tenu de l'exécuter puisque le tiers n'a pas traité avec le commettant. Pour avoir un recours contre le commettant, le commissionnaire devrait prouver qu'en acceptant l'ordre il a cru à un mandat sérieux, les juges apprécieront souverainement son intention. Mais c'est en vain qu'il objecterait qu'il a acheté et vendu en réalité les marchandises qu'il avait commission de vendre ou d'acheter et que dès lors il n'y a rien de fictif en ce qui le concerne, car il y a lieu de distinguer dans ce cas les rappprts du joueur et du commissionnaire, des relations du commissionnaire et des tiers. Il y a là deux contrats parfaitement distincts, le premier peut-être nul sans que le second en souffre aucunement.

§ 4. — *Preuve du contrat de commission.*

Le contrat de commission étant un contrat commercial, il en résulte qu'il est soumis, quant aux modes de preuve, aux règles suivies en cette matière pour les opérations de commerce ; il n'a pas besoin d'être constaté par écrit (1). On

---

(1) Les Codes espagnol et portugais exigent au contraire la rédaction d'un écrit. « Si le commissionnaire a été constitué verbalement, le commettant doit confirmer ses pouvoir par écrit, avant la conclusion de l'affaire. » (Art. 117, *C. esp.*, 41 *C. port.*)

comprend que l'acte authentique doit être ici absolument inusité, les besoins du commerce et la célérité qui préside toujours à toute opération de ce genre rendent la forme notariée absolument impraticable, la stricte observation des règles relatives aux actes sous seing privé serait encore trop gênante ; aussi, la plupart du temps, la commission se donne-t-elle par correspondance, parfois même verbalement ; le consentement, nous l'avons vu, peut résulter du silence des parties.

Le système des preuves en usage devant les tribunaux de commerce est, en effet, beaucoup plus simple que devant la juridiction ordinaire. La correspondance et les registres sont le plus souvent les seuls moyens qu'on ait de constater une opération qui est déniée, et l'art. 109 C. C° en autorise la production, quelle que soit la convention invoquée, pourvu que cette convention soit un acte de commerce (1). De même, si élevé que soit le taux de la contestation, la preuve testimoniale est toujours admise, c'est aux parties à prendre leurs précautions pour s'épargner toute difficulté de rapporter la preuve des consentements, mais le principe est certain : peu importe la manière dont ce consentement est établi, il suffit, pour le contrat, qu'il ait existé.

Quel sera le tribunal compétent pour juger les difficultés qui peuvent s'élever entre le commettant et le commission-naire, soit à raison de l'existence ou des modalités de l'ordre, soit à cause des effets du contrat ? Si la contestation

(1) Paris, 8 décembre 1808. Dalloz, V° *Commissionnaire*, n° 34.

est commerciale, le tribunal de commerce est compétent, sinon ce tribunal ne peut en connaître. Voilà le principe.

Nous avons décidé que le fait par un non commerçant d'accepter une commission, ne constitue pas un acte de commerce ; il ne peut y avoir là ce que la loi entend par entreprise de commission dans l'art. 632 C. C°, le tribunal de commerce ne sera donc pas compétent à son égard. Quant au commerçant qui a fait acte de commerce, il pourra être actionné soit devant le tribunal civil soit devant le tribunal de commerce. C'est là une application pure et simple des principes généraux en matière de compétence (1).

(1) Le tribunal de commerce n'est compétent en matière de mandat qu'autant que le mandat est commercial, c'est à dire donné par un commerçant pour les besoins de son commerce. Dijon, 7 mars 1873, D. P. 74. 2. 40. — Paris, 7 février 1870, D. P. 71. 2. 6.

Quand un débat s'élève entre deux parties, dont l'une seulement est commerçante, ou à propos d'une opération qui n'était commerciale que pour l'une des parties, celle des parties qui n'était pas commerçante et n'a pas fait acte de commerce peut actionner à son choix le défendeur commerçant. soit devant le tribunal civil, soit devant le tribunal de commerce. Jurisprudence constante : Cass.; 22 février 1859, D. P. 59. 1. 268 ; 24 juillet 1864, D. P. 64. 1. 489, 26 juin 1867, D. P. 67. 1. 424 ; 21 juillet 1873, D. P. 74. 1. 264.

CHAPITRE III

OBLIGATIONS DU COMMISSIONNAIRE.

Le contrat de commission engendre, à la charge du commissionnaire, un certain nombre d'obligations au profit du commettant. Ces obligations varient avec la nature, l'objet et les termes de la convention, mais en dehors des règles de détail que la volonté des parties peut formuler, il est cependant un ensemble de règles générales qui s'appliquent toujours et qui découlent nécessairement de la nature même de l'acte. Le commissionnaire doit :

1° Exécuter l'ordre qui lui a été transmis en se conformant à la ligne de conduite qui lui a été tracée ;

2° Rendre compte.

§ 1. — *Exécution de l'ordre.*

L'agent doit exécuter strictement et dans le plus bref délai la commission qu'il a reçue, car lorsqu'un commerçant envoie, sans autre indication, un ordre de vente ou d'achat, on doit supposer, à cause de la variabilité des cours, qu'une prompte exécution doit être donnée à cet ordre. Il n'en serait autrement que si le commettant avait fixé un certain délai ou si son intérêt commandait le retard qui a été apporté (1).

Le commissionnaire peut-il modifier l'ordre qui lui a été donné? Non, en principe : le commissionnaire doit-être l'instrument fidèle des volontés du commettant; mais il doit être aussi un instrument intelligent et ne pas se borner à exécuter à l'aveugle les ordres qu'il a reçus. Aussi pensons-nous avec M. Bédarride que le commissionnaire peut modifier l'ordre, mais à la charge par lui de prouver :

1° Que l'exécution littérale a été impossible ;

2° Que cette impossibité est le résultat de circonstances purement fortuites qu'il ne pouvait prévoir ni empêcher ;

3° Enfin que sa détermination arrêtée de bonne foi lui a été inspirée par le désir de servir utilement les intérêts du commettant en lui évitant une perte beaucoup plus considérable, qui devait résulter de son abstention (2).

La raison de cette faculté que nous reconnaissons au commissionnaire de pouvoir modifier, en certains cas, l'ordre qui lui est transmis, réside dans l'intérêt du commettant et sera plus ou moins large suivant que l'ordre sera facultatif ou impératif.

On ne peut modifier un ordre impératif (3).

J'adresse à un commissionnaire un certain lot de mar-

(1) Alauzet, *Op. cit.* T. I n° 395.

(2) Bédarride, *Op. cit.*, n° 69.

(3) Alauzet, n° 392.

chandises que je lui ordonne de vendre sans retard au cours de la place ; mais ces marchandises sont actuellement au plus bas cours, tout porte à croire que dans quelque temps une hausse sensible se manifestera. Il serait certainement d'un bon co.nmerçant de retarder la vente de quelques jours, mais le commissionnaire n'a pas à apprécier l'utilité de l'acte qui lui est demandé lorsque le mandat est conçu en termes aussi formels que nous le supposons.

On peut même dire, d'une manière générale, que l'ordre est impératif en ce qui touche les conditions inhérentes à la commission ou ses qualités intrinsèques comme ce qui a rapport à la *nature* de l'objet, sa quantité, son espèce, sa qualité ; quant aux modes d'exécution, ils peuvent être remplacés par des équivalents. Nous ne déciderons donc pas avec MM. Delamarre et Lepoitvin (1), que dans le contrat de commission le mandataire doit substituer une chose à une autre dans les cas imprévus qui rendent l'exécution conforme onéreuse pour le commettant. Assurément si le commissionnaire a agi au mieux des intérêts du commettant, sa gestion pourra être approuvée, mais on ne peut plus appeler cet acte l'exécution de la commission , c'est une gestion d'affaires !

Il résulte encore de la règle que nous avons posée, cette conséquence : qu'elle n'est applicable qu'aux commissionnaires-vendeurs. L'abstention d'un commissionnaire chargé d'un achat pourra bien priver le commettant d'un bénéfice,

---

(1) T. II, n° 70, cité par Le Jolis, n° 558.

elle ne le constituera jamais en perte, la prudence doit donc amener l'abstention, si l'exécution de l'ordre tel qu'il a été indiqué n'est pas possible.

Toutes ces règles sont, d'ailleurs, beaucoup plus théoriques que pratiques. En pratique, grâce à la rapidité des moyens de communication, le commissionnaire qui ne pourra pas exécuter l'ordre devra en référer immédiatement au commetttant et attendre de nouvelles instructions ; et, dans le cas où il ne pourrait le consulter, il agira au mieux de ses intérêts si l'ordre est facultatif ; il devra s'abstenir si l'ordre est impératif.

« Le commissionnaire, dit le Code espagnol, devra se » soumettre dans l'accomplissement de son mandat aux » instructions qu'il a reçues de son commettant, pour se » mettre à l'abri de toute responsabilité. Dans aucun cas le » commissionnaire ne pourra agir contre les instructions » expresses du commettant ; cependant, si par suite d'un » événement imprévu, il a cru utile de s'écarter de ses » ordres, il devra l'en instruire par le plus prochain courrier. » Le commissionnaire devra consulter son commettant, si la » nature et l'état de l'affaire le comportent, pour tout ce qui » n'a été ni prévu ni prescrit. S'il ne peut le consulter ou » s'il a la faculté d'agir d'après son libre arbitre, il devra » faire ce qu'il aurait fait pour ses propres affaires. » (1).

Le commissionnaire est-il lié par le prix fixé ?

Vous donnez l'ordre d'acheter à 60, le commissionnaire

(1) *Code espagnol,* art. 127, 129 et 130.

achète à 65, pouvez-vous le forcer à vous livrer la marchandise au prix d'achat, et, réciproquement, le commissionnaire pourra-il vous forcer à la recevoir au prix que vous avez indiqué, consentant à supporter la perte qui résulte de son opération ?

La question n'est pas neuve en doctrine, et nous avons vu qu'à Rome la controverse était vive sur ce point entre les Sabiniens et les Proculliens. Les Proculliens dont l'opinion fut admise dans le dernier état du droit comme plus indulgente : « *benignior* » disent les textes, permettaient au mandataire de forcer le mandant à accepter le marché au prix qu'il lui avait lui-même indiqué.

Que faut-il décider aujourd'hui ?

Un premier système reproduit entièrement l'opinion sabinienne et refuse toute action contre le commettant au commissionnaire qui dépasse le prix fixé. On se fonde principalement sur cette considération que le système contraire aboutit à créer entre le commettant et le commissionnaire une inégalité choquante.

Si la marchandise est en hausse, n'est-il pas à craindre, dit-on, que le commissionnaire ne tienne ce raisonnement à son commettant qui demandera la livraison au prix réellement payé : « Il m'a été impossible de traiter au prix que vous m'aviez indiqué et cette impossibilité me dégage de toute responsabilité. J'ai acheté, il est vrai, mais en le faisant, j'ai agi pour mon compte ; l'opération aurait pu être mauvaise et j'en aurais supporté, dans ce cas, tout le préjudice ; à quel titre prétendez-vous me priver des chances heureuses d'un marché qui est mien ? »

La marchandise est-elle en baisse, inévitablement le commissionnaire consentira volontiers à supporter la perte qui résulte de son excès de mandat, et forcera son commettant à recevoir la chose au prix fixé par lui. On le voit, l'inégalité de situation est frappante. « La raison, la justice et le droit protestent contre un pareil résultat. On doit d'autant plus le repousser qu'en sortant sciemment des limites du mandat le mandataire est présumé avoir pris l'opération pour son propre compte, et traité à ses risques et périls, qu'il a su, dans tous les cas, que le commettant aurait à ratifier, et pu prévoir qu'il pourrait se refuser à le faire (1). »

L'opinion contraire nous semble préférable et nous pensons que, d'une part, le commettant pourra exiger la chose en offrant au commissionnaire le prix qu'il a payé ; et que, de son côté, le commissionnaire pourra forcer le commettant à accepter la marchandise au prix indiqué dans l'ordre en prenant à sa charge l'excédant du prix réellement payé.

Le commettant a donné l'ordre de traiter à 60 ; on lui offre la marchandise à ce prix, de quoi se plaindrait-il ? Ne doit-il pas respecter les conditions du contrat auquel il a consenti ?

Mais on insiste sur l'inégalité de situation qui existera entre le commissionnaire et le commettant, pouvons-nous justifier notre opinion sur ce point ?

(1) Bedarride. *Op. cit.*, n° 97.

Supposons, d'abord, que le commissionnaire a nommé son commettant. Il est clair que dans ce cas le commettant n'a pas à craindre la mauvaise foi du commissionnaire. Les termes du marché seraient là au besoin, pour montrer qu'il n'a pas entendu agir, pour son compte, et qu'il n'a fait qu'obéir aux ordres du commettant. Mais, dira-t-on, le commissionnaire agit, le plus souvent, en son nom propre, et le commettant n'a dès lors aucun moyen de prouver que l'opération a été faite pour son compte. C'est là une erreur, nous avouons que dans ce cas la preuve sera plus difficile à fournir, mais l'impossibilité n'existe pas ; on comprend, en effet, que si l'achat a suivi immédiatement l'ordre, il y a dans ce simple fait une grave présomption en faveur de l'accomplissement de la commission. Les relations du commissionnaire avec le commettant, leurs habitudes, la correspondance, toutes les circonstances de l'acte devront être appréciées et serviront d'éléments pour rechercher la véritable intention du commissionnaire au moment où il a contracté (1).

La ratification du commettant efface tous les vices de l'opération ; elle peut être expresse ou tacite. Nous n'avons rien

(1) L'art. 364 du Code allemand est en ce sens : « Si le commissionnaire a dépassé le prix fixé pour l'achat, le commettant peut refuser l'achat comme n'ayant pas été fait pour son compte à moins que le commissionnaire ne s'engage en même temps à supporter l'excédant du prix fixé pour l'achat. »

La même décision nous paraît contenue dans l'art. 135 du Code espagnol : « ..... Si le commissionnaire a dans un achat excédé le prix qui lui avait été fixé, le mandant *peut* lui abandonner pour son compte l'objet acheté. »

à dire de la ratification expresse, les mots parlent d'eux-
mêmes. Quant à la ratification tacite, elle résultera de toutes
les circonstances qui pourront faire présumer le consentement : le commettant n'a pas répondu à la lettre d'avis, il a
reçu les marchandises et les a conservées pendant un certain
temps, la ratification pourra s'induire de tous ces faits.

On a même voulu appliquer ici l'art. 105 C. C°, et voir une
ratification dans le fait de la réception des marchandises sans
protestation. Ce serait excessif. Le voiturier ne répond que
des avaries, suites du transport, et l'on comprend que l'acceptation des marchandises par le destinataire sans observation de sa part couvre la responsabilité de l'agent de transport. Celui à qui il remet la marchandise n'a qu'à constater
immédiatement le dommage ; faute de le faire, il perd son
action. Mais s'il s'agit de vices propres à la chose, et non pas
seulement d'avaries, un examen sommaire ne suffit pas ; la
fin de non-recevoir tirée de l'expédition des marchandises,
si l'expéditeur avait pu l'opposer, aurait bien souvent en-
couragé la fraude et protégé la mauvaise foi. Je vous demande d'acheter pour mon compte des huiles d'œillette pures,
celles que vous m'expédiez contiennent 50 °/₀ d'huiles d'ara-
chide. Il est clair que je ne puis pas me rendre compte de
cet état de choses sur le champ.

Cependant, sil s'agissait d'un vice qu'une attention sommaire pût découvrir, d'une substitution de marchandises, par
exemple, la prudence conseillerait au destinataire de suivre
les prescriptions de l'art. 106 C.C°. Mais ici encore, il est impossible de dire, en thèse, de quels faits résultera la ratifi-

cation, et nous croyons devoir réserver aux tribunaux la plus grande latitude d'appréciation en cette matière.

En même temps qu'il exécute le fait principal, objet direct de la commission, le commissionnaire est tenu d'accomplir certains faits accessoires qui sont la conséquence du premier. Vous m'expédiez de l'étranger telle marchandise que je dois vendre pour votre compte ; il est clair qu'avec ce mandat de vendre vous me donnez celui de payer les droits de douane, d'acquitter les frais de transport, de vérifier les avaries, de les faire constater au besoin (1), et de veiller à la conservation de la chose.

D'autres obligations résultent encore tant des usages de la place que des habitudes courantes des parties. Il est d'usage, par exemple, de traiter au comptant et de payer immédiatement la marchandise achetée, mais il serait préférable pour le commettant qu'on agît autrement, soit à cause de l'état de ses affaires, soit parce qu'il avait compté sur cet achat pour opposer la compensation à l'acheteur. Le commissionnaire a payé ; sa responsabilité est cependant à couvert, car sa conduite est celle de tout bon commerçant et on ne peut lui reprocher ni faute ni imprudence.

Enfin, le commissionnaire doit donner immédiatement avis au commettant de l'exécution de l'ordre.

Le commissionnaire doit-il accomplir l'ordre par lui-même ?

L'art. 1994 C. C. dispose que le mandataire répond de

(1) Code espagnol, art. 149 ; Code allemand, art. 365.

celui qu'il s'est substitué dans la gestion, quand il n'a pas reçu le pouvoir de se substituer quelqu'un, et cela se comprend en matière civile où l'affaire n'est jamais tellement urgente qu'on ne puisse pas en référer au mandant et lui demander de nouveaux ordres. On reconnaît généralement, au contraire, que cet article n'est pas applicable au commissionnaire, lorsque d'ailleurs la substitution a été faite dans un moment où il y avait nécessité ou urgence ; car s'il est vrai que le commissionnaire doit, dans ce cas, informer le commettant de l'impossibilité d'exécuter la commission, il doit aussi prendre toutes les mesures nécessaires pour que son commettant ne souffre aucun dommage.

Nous croyons donc que le commettant doit être réputé avoir consenti à la substitution toutes les fois qu'il ne l'a pas formellement interdite et que le commissionnaire à qui il s'est adressé ne peut exécuter l'ordre lui-même ; son silence sur ce point montre qu'il attachait plus d'importance à l'exécution de l'affaire qu'à la question de savoir par qui l'affaire serait exécutée.

Si le commettant a désigné le substitué, le commissionnaire sera lié par ce choix, mais en cas de silence de sa part, ou si la personne désignée n'accepte pas la commission, ou encore, si elle est devenue insolvable depuis la désignation, le choix du commissionnaire doit porter sur un commerçant sérieux et d'une réputation irréprochable, *ordentlicher Kaufmann*, dit le code allemand ; c'est à cette condition qu'il dégagera sa responsabilité au vis-à-vis du commettant (1).

(1) *V. Infrà.* Responsabilité. Dalloz, J. G. V° Commissionnaire, n°s 80 et suiv. En sens contraire : Lyon-Caen et L. Renault, n° 784.

« En effet, dit M. Bédarride, le pouvoir de se substituer, sans désignation de la personne qui doit être appelée, n'autorise pas le commissionnaire à choisir le premier venu, et à résigner son mandat aux mains d'une personne n'offrant pas les garanties désirables sous le triple rapport de la moralité, de la capacité, de la solvabilité commerciale ; lorsqu'il s'agit de disposer de l'affaire d'autrui, il faut au moins se conduire avec la prudence qu'on déployerait dans la gestion de ses propres intérêts. » (1).

§ 2. — Reddition de compte.

Le commissionnaire doit rendre compte de son opération en produisant tous les titres et pièces justificatives qui attestent la fidélité de sa gestion (2).

Ici se présente la question des *doubles factures* ; un commissionnaire peut recevoir de divers côtés des ordres qui le chargent d'acheter des marchandises semblables ; or il est ordinaire qu'en achetant par masse on obtient une réduction de prix.

Dès lors, ce commissionnaire pourra dire à son acheteur : « Il n'est pas nécessaire de faire profiter mes clients de la réduction que vous me faites personnellement, faites-moi une double facture : l'une indiquant le véritable prix que je devrai vous payer, l'autre portant le prix que j'aurais payé si je n'avais pas acheté en grande quantité. »

(1) *Des commissionnaires*, n° 53.
(2) Pont, T. I n° 1993.

Le commissionnaire peut-il adresser cette seconde facture à ses clients, cet agissement est-il licite ?

La jurisprudence répond négativement (1). C'est qu'en effet si le commissionnaire reçoit une grande quantité d'ordres, c'est précisément à cause de sa situation sur la place. On sait que, sa clientèle étant nombreuse, il pourra, achetant en grandes quantités, obtenir des conditions meilleures ; il est juste que le commettant profite de tous les avantages qu'il était en droit d'espérer et dont la considération a peut-être guidé son choix.(2).

L'argent que le commissionnaire a reçu pour le commettant, ce qu'il a omis de recevoir et ce qu'il a perdu par sa faute (3), les dommages-intérêts qu'il peut devoir au cas de stipulation avec clause pénale, et d'un autre côté les sommes qui lui sont dues, le remboursement de ses frais, avances et droit de commission formeront les éléments de ce compte.

Le commissionnaire devra compte au commettant de tous les bénéfices qu'il a réalisés, soit en vendant au-dessus soit en achetant au-dessous des prix indiqués, soit même en fraudant les douanes ou les octrois ; car l'opération est pour le

---

(1) Lyon, 23 août 1831; Dalloz, J. G. Vº Commissionnaire, nº 63; Rouen, 8 août 1871, D. P. 71, 2, 222.

(2) M. Beauregard à son cours de droit commercial. Boistel. *Cours de droit commercial*, p. 353.

(3) Pour l'appréciation de la faute. V. *Infrà*. Responsabilité.

commettant, lui seul peut recueillir tous les bénéfices qu'elle procure (1).

Le commettant peut-il exiger les gains illicites que le commissionnaire a réalisés en jouant par son ordre, sur la hausse ou la baisse des marchandises ?

Nous avons déjà répondu à cette question ; aucune action n'appartient de ce chef au commettant, puisque le contrat est déclaré nul par la loi ; mais comme, en principe, l'illégalité ne se présume pas, il appartiendrait au commissionnaire de prouver l'exception de jeu qu'il invoque (2).

Le commissionnaire est tenu au secret vis-à-vis du commettant, peut-il également refuser de lui faire connaître les noms des tiers avec lesquels il a contracté ? La jurisprudence admet l'affirmative, en principe. Le commissionnaire pourra taire au commettant les noms des tiers à moins que le commettant n'allègue des dissimulations frauduleuses dans le compte du commissionnaire (3). Il serait à craindre, dit-on, que si le commissionnaire était obligé de livrer le nom des tiers au commettant, ce dernier n'en profitât pour traiter di-

(1) La législation anglaise contient à ce sujet une disposition très-curieuse : « Si un *agent*, à ses risques et périls frustre les douanes étrangères, il pourra répéter ces droits de douane contre le *principal* comme s'il les avait payés, mais il n'en serait pas ainsi si la douane trompée était la douane anglaise. — Colfavru. *Op. cit.*, p. 165.

(2) La nullité du contrat n'empêcherait pas le commissionnaire d'être poursuivi correctionnellement, dans le cas où les caractères constitutifs du délit d'escroquerie ou d'abus de confiance se retrouveraient dans ses agissements.

(3) Cass. 7 décembre 1858. D. P. 1859. 1, 175 ; 30 mars 1859 D. P. 1859. 1, 175 ; Poitiers, 24 mai 1859. D. P. 1860, 5, 62.

rectement et s'abstenir ainsi de payer le droit de commission.

Nous croyons que cette jurisprudence en voulant protéger l'industrie des commissionnaires met entièrement le commettant à leur disposition, puisqu'elle oblige ce dernier à prouver l'inexactitude du compte sans qu'il ait en mains les pièces qui lui permettent d'établir le contrôle et de se rendre compte de la probité de son agent.

Le Code allemand contient à ce sujet une disposition très-sage : « Si en notifiant l'exécution le commissionnaire n'indique pas le nom de l'acheteur, dit l'art. 376 de ce Code, il est censé être lui-même acheteur ou vendeur et peut être actionné en cette qualité. » Il serait à souhaiter, pour éviter toute contestation, que notre Code contînt une règle analogue ; mais, dans le silence des textes, nous croyons qu'il y a lieu d'appliquer les règles du mandat et que le commissionnaire, s'il en est requis, sera tenu de produire toutes factures ou pièces justificatives que le commettant exigera. Il en serait ainsi quand même le commissionnaire serait *du-croire*, car cette convention ne change en rien les rapports qui existent entre lui et son commettant.

Le commissionnaire serait encore responsable de la perte des fonds par lui adressés à son commettant, s'il ne s'est pas soumis pour l'envoi aux ordres reçus où s'il n'a pas observé toutes les précautions ordinaires.

Les intérêts des sommes que le commissionnaire a déboursées pour le commettant courent de plein droit, il en est de même si le commissionnaire a employé à son profit et usage personnels des sommes appartenant au commettant (1). Ces intérêts se calculeront au taux de 6 0/0, et comme on ne peut pas dire de ces intérêts qu'ils sont payables par année, ils ne seront pas prescriptibles par cinq ans (2277 C. C.), mais seulement par trente ans comme toutes les actions qui naissent du contrat de commission.

§ 3. — *Responsabilité.*

Le commissionnaire est responsable s'il n'exécute pas la commission ou s'il l'exécute mal, à moins de force majeure ou d'impossibilité absolue.

Il est responsable de sa faute ; mais comment cette faute doit-elle s'apprécier ?

L'article 1992 donne la règle sur ce point : la faute du commissionnaire s'appréciera sans qu'il y ait lieu de distinguer entre la faute *in committendo* et la faute *in omittendo* d'après le type abstrait d'un bon commerçant. Le commissionnaire est salarié ; par la fonction qu'il exerce, il fait appel à la confiance ; on comprend que les tribunaux se montrent assez sévères dans l'appréciation des actes de sa profession.

Les cas fortuits dégagent la responsabililité du commissionnaire ; mais il en serait autrement si par une clause du contrat, il les avait pris à sa charge, ou si le cas fortuit survenait pendant qu'il est en faute et était une conséquence de cette faute.

(1) Art. 1996 C. C.; Cass. 7 mai 1845, D. P. 45, 1, 305.

Enfin, l'opération pourra être laissée pour compte au commissionnaire, si elle n'a pas été exécutée conformément aux prescriptions du commettant, sans préjudice de toute action en indemnité pour le dommage causé par l'inexécution. Il appartiendra, dans ce cas, au commettant de prouver que le commissionnaire pouvait agir conformément à ses ordres.

Il a été jugé conformément à ces principes que le commissionnaire est garant des défauts de la marchandise achetée par son entremise, même de ceux constituant des vices cachés s'ils pouvaient être découverts par une vérification scrupuleuse (1) ; et que le commerçant qui a exécuté des ordres d'achat comme commissionnaire, sans être suffisamment connaisseur, ne peut s'en prendre qu'à lui-même des suites du refus de la marchandise par le commettant, si la nature apparente du vice rend tout recours impossible contre le vendeur (2).

Le commissionnaire alléguerait vainement que les indications données par le commettant n'étaient pas suffisamment précises, il lui appartenait de demander de plus amples informations, et si par un agissement irréfléchi il a compromis les intérêts de son commettant, ce dernier pourra à bon droit l'en rendre responsable.

Un commissionnaire de Gênes adresse à un commissionnaire de Boulogne-sur-Mer un certain nombre de caisses de

1) Rouen, 28 avril 1856, D. P. 59. 2. 133.

(2) Tribunal de commerce du Hâvre 24 décembre 1861, Dalloz J. G. V° *Vices redhibitoires* n°s 47 et 123.

cristaux et objets d'art et lui donne l'ordre de faire passer ces marchandises en Angleterre, après avoir pris la précaution de les faire assurer pour une somme de 1,800 fr. Le commissionnaire fit l'expédition, mais il déclara les colis comme contenant des porcelaines et merceries, afin de payer un fret moindre, et ne fit pas assurer.

Le *Waterloo*, sur lequel les marchandises avaient été chargées fit naufrage. Le commissionnaire de Boulogne reçut et adressa à son commettant un prorata calculé à raison du tarif qui avait été appliqué pour le transport, et prétendit ne rien devoir de plus, parceque le commettant n'ayant pas fourni une nomenclature exacte des marchandises, l'assurance avait été impossible.

Le tribunal de commerce de Boulogne admit cette prétention. Il jugea : que le commissionnaire, n'ayant pas fait l'assurance, s'était rendu assureur pour son propre compte, qu'ainsi il pouvait, comme l'aurait fait un véritable assureur, se prévaloir de l'inexactitude de la déclaration et être déchargé de toute indemnité excédant le chiffre imposé à l'auteur même du dommage.

La cour de Douai réforma ce jugement et décida très justement dans un arrêt du 28 mai 1878, que si des constatations exactes étaient nécessaires, c'était au commissionnaire de les demander; qu'en tout cas le commettant, en chargeant le commissionnaire de faire assurer la marchandise, l'avait reconnu pour son mandataire et non pour son assureur; qu'ainsi le commissionnaire étant en faute, à tous points de vue, devait être rendu responsable de la totalité de la perte (1).

Nous avons vu que le commissionnaire peut se substituer quelqu'un qui exécute le mandat à sa place ; mais sa responsabilité est-elle dégagée par cette substitution et ne doit-il répondre en aucune façon des agissements de celui qui exécute l'ordre à sa place ? La question ne se pose évidemment pas si la substitution a été faite en vertu des pouvoirs donnés au commissionnaire ou si elle résulte de l'impossibilité où se trouvait le commissionnaire d'agir par lui-même. Dans ces deux cas, en effet, le substitué devient l'agent direct du commettant de qui il tient ses pouvoirs en vertu d'une autorisation soit expresse, soit tacite ; le commissionnaire n'est responsable que de son choix au moment où il a été fait ; nous avons vu quel il devait être. Il faudrait d'ailleurs, même dans ces deux cas, que le substituant n'eût aucune faute à se reprocher et qu'il eût mis le substitué à même de remplir l'ordre comme il était obligé de le remplir lui-même. Le silence gardé sur certaines conditions, la modification qu'il ferait subir à l'ordre, entraîneraient la responsabilité du substituant en ce sens que, le commettant refusant l'opération passée contrairement à ses intructions, le substitué pourrait valablement recourir contre celui qui lui a délégué ses pouvoirs, et lui demander de l'indemniser du préjudice que lui fait subir le *laisser pour compte*.

Si nous supposons maintenant, que la substitution a eu lieu contrairement à la prohibition contenue dans l'ordre,

---

(1) Douai, 28 mai 1878. Jurisprudence de la cour de Douai, année 78, p. 288.

cette substitution serait illégale et irrégulière ; elle pourrait être méconnue par le commettant, qui aurait le droit de réclamer à son commissionnaire la réparation de tout le préjudice que lui cause cette exécution vicieuse, car le fait par le commissionnaire d'avoir méconnu la prohibition, le constitue gravement en faute.

Il est d'ailleurs certain que la ratification du commettant effaçant toute espèce de faute, le commissionnaire serait complètement dégagé si cette ratification intervenait ; mais dans le cas contraire il répondrait des agissements de son substitué comme de ses agissements propres.

L'art. 99 C. C° contient cependant une exception à cette règle. En matière de transports le commissionnaire reste garant des faits du commissionnaire intermédiaire auquel il a adressé la marchandise, et cette responsabilité qui paraît excessive au premier abord trouve sa raison dans les besoins du commerce et dans la nécessité d'assurer aux marchandises un transport plus rapide : le premier commissionnaire a pu exiger que la marchandise fut vérifiée en sa présence ; il est présumé, en l'acceptant, la recevoir en bon état. Au contraire, les commissionnaires intermédiaires se succèdent avec une grande rapidité, et dans leur rapports avec le premier commissionnaire la présomption de l'article 98 est inverse : c'est à ce dernier qu'il appartient de prouver que l'avarie est leur fait et provient de leur faute (1).

_____

(1) Dans le même sens : Loi belge, art. 99 ; Code italien, art. 78 ; Code alllemand, art. 380 ; Code espagnol, art. 209-212 ; Code portugais, art. 183.

CHAPITRE IV

OBLIGATIONS DU COMMETTANT

———

Le contrat de commission étant un contrat synallagmamatique imparfait, son exécution entraîne à la charge du commettant des obligations corrélatives aux droits du commissionnaire. Le commettant doit :

1° Rembourser au commissionnaire ses avances et frais, et l'indemniser des pertes subies par lui à l'occasion de la commission ;

2° Le garantir de ses engagements personnels ;

3° Lui payer la commission convenue.

§ 1er. — *Remboursement des frais et avances.*

Les frais que le commissionnaire a faits pour arriver à l'exécution de la commisson doivent lui être remboursés par le commettant. Tels sont les frais de magasinage, de transport, de douane, de prime et de police d'assurance.

Peu importe que l'affaire ait tourné au profit ou au préjudice de celui qui a donné l'ordre, le commissionnaire qui a agi de bonne foi doit être indemnisé de toutes façons.

Toutes ces dépenses du commissionnaire portent intérêt du jour où elles ont été faites. Le principe est le
même qu'en droit civil : l'art 2001 dispose en effet que l'intérêt des avances faites par le mandataire lui est dû par le
mandant à dater du jour des avances constatées. On a même
décidé que le commissionnaire obligé de retenir en caisse
des fonds destinés à être employés dans l'intérêt du commettant avait droit à l'intérêt de ces capitaux du jour où il les
avait retirés de la circulation (1).

Quant aux pertes essuyées par le commissionnaires dans
l'accomplissement de l'ordre on appliquera l'art. 2000 C. C.,
et le commissionnaire devra être indemnisé, si toutefois la
perte éprouvée n'est pas imputable à sa faute ou à sa négligence (2).

On s'est demandé si le commissionnaire pouvait, à raison des sommes qui lui sont dues par le commettant, tirer
sur lui des lettres de change. C'est une habitude constante
entre commerçants d'opérer les recouvrements de cette manière et nous ne voyons aucune bonne raison pour empêcher
le commissionnaire d'user de ce moyen; il en est, d'ailleurs,
toujours ainsi en pratique. On a cependant soutenu que le
commettant, soit dans un but de crédit, soit pour des raisons
personnelles, pourrait avoir intérêt à se libérer autrement (3),
mais ces motifs ne nous paraissent pas suffisants pour con-

(1) Cass. 31 décembre 1845, D. P. 47, 1. 4.

(2) Cpr. L. XXVI, § 6. *Mandati.* Dig. Domat, l. I, t. 5, section 2.

(3) Pardessus, T. II, n° 364.

damner un procédé dont l'usage est constant entre commerçants.

§ 2. — Garantie des engagements pris par le
commissionnaire.

Le commissionnaire traite le plus souvent en son nom
nom personnel et, les conséquences actives et passives de
ses actes se réalisant en sa personne, il est juste qu'il soit
garanti contre ces conséquences par le commettant au compte
de qui l'affaire a été traitée. Semblable chose ne se produira
pas dans le mandat et dans le cas où le commissionnaire agit
en nommant son commettant, puisque dans ces deux cas
l'obligation qui naît du contrat passe immédiatement sur
la tête du commettant, sans résider, même un instant de raison, dans la personne du commissionnaire ou du mandataire.
Toutefois si le tiers contractant avait exigé par surcroît de
garantie l'engagement personnel de l'intermédiaire agissant,
il est clair que notre règle retrouverait son application.

Comment le commettant garantira-t-il les engagements
pris par le commissionnaire ? Une novation régulariserait immédiatement la situation et mettrait le commissionnaire à
couvert contre les actions des tiers, mais il arrivera souvent
que ces derniers s'y refuseront : ils ont traité avec le commissionnaire en considération de sa solvabilité ; il peut se
faire, qu'à leurs yeux le commettant ne se trouve pas dans
les mêmes conditions. Aussi décide-t-on que le commissionnaire pourra exercer sur la chose ou sur le prix de la marchandise vendue son droit de rétention, si le commettant ne

paie immédiatement, sauf à ce dernier à retenir l'escompte si la dette est à terme.

§ 3. — *Paiement de la commission.*

Nous avons vu que la commission était la récompense du travail, l'indemnité des peines et soins que le commissionnaire a consacrés à l'opération. Elle est due dès que l'affaire dont il s'est chargé est terminée, alors même, dit M. Bédarride, que l'opération ne réussirait pas au gré du commettant ; que par un accord ultérieur des intéressés, elle serait résiliée et abandonnée. Le commissionnaire, en effet, ne garantit pas, ne peut pas garantir les évènements de nature à influer sur l'exécution, il est chargé d'exécuter et non de prévoir. Ce dernier soin est exclusivement l'affaire du commettant qui a dû, avant d'agir, calculer les chances et les conséquences de l'ordre qu'il donnait. S'il s'est trompé dans ses prévisions, le commissionnaire n'en aura pas moins conclu l'affaire, il doit donc recevoir le salaire de son travail, quoiqu'il arrive (1).

Mais il faut pour cela qu'aucun reproche ne puisse être adressé au commissionnaire, que l'insuccès ne soit pas le résultat de son dol et de sa faute ou qu'il n'ait pas été provoqué par les fausses indications qu'il aurait données.

Il y a cependant ici une différence de principe, sinon de fait, à noter entre le dol et la faute. S'il y a eu dol de la part du commissionnaire, la convention est viciée dans son

(1) Bédarride. *Des Commissionnaires.*

principe pour défaut de consentement, le salaire n'est donc
pas dû ; au contraire, s'il y a faute, le contrat subsiste, les
obligations du commettant doivent donc être accomplies,
et particulièrement celle qui est relative au salaire ; mais à
raison de la faute commise, le commettant a droit à des
dommages-intérêts, ces dommages-intérêts viendront en
déduction sur le salaire convenu et pourront même le dépasser.

Sur quoi la commission se calcule-t-elle ?

La commmission se calcule sur le produit brut de l'opération. Mais sera-t-elle perçue aussi sur les frais que le
commissionnaire a pu faire pour mener l'opération à bonne
fin ? Il y a lieu de distinguer: s'il s'agit d'un commissionnaire vendeur et si ce commissionnaire a payé les frais
dont nous parlons, il semble bien qu'il ne pourra pas percevoir un droit de commission à raison de ces frais outre
l'intérêt de 6 %, auquel il a droit.

C'est qu'en effet, ces frais ont augmenté la valeur vénale de la chose. Il eût vendu moins cher et, par conséquent,
son droit de commission eût été moindre, s'il avait laissé à
la charge de l'acheteur les droits qu'il a acquittés. Toute
autre est la situation du commissionnaire acheteur : la valeur de l'objet se compose de la valeur vénale augmentée
des frais à acquitter, il est donc juste de percevoir un droit
de commission sur ces frais qui servent à fixer le véritable
prix de revient de la marchandise.

Mais le commissionnaire, bien que remplissant d'une
manière exacte l'ordre du commettant, ne pourra pas tou-

jours exiger de lui le paiement d'un droit de commission.
Nous faisons allusion au cas où le commissionnaire aurait
expédié au commettant ses propres marchandises. Il abandonne dans ce cas son rôle d'intermédiaire pour celui de
vendeur et il est clair qu'à ce titre il ne peut rien obtenir
au-dessus du prix de vente (1).

Le taux de la commission est très-variable, la plupart
des auteurs indiquent comme habituel le taux de 2 °/₀. Cela
n'est plus exact aujourd'hui: la concurrence s'est introduite
dans la commission comme partout ailleurs, parfois malheureusement, au détriment des intérêts du commettant. Le
taux ordinaire de la commission est aujourd'hui de 1 °/₀ ; il
est beaucoup moindre et même nul, parfois, pour les opérations de bourse.

(1) Le Code allemand (art. 376) permet cependant au commissionnaire de percevoir le droit de commission alors même qu'il a rempli
l'ordre avec ses marchandises propres.

APPENDICE.

DUCROIRE.

Nous avons dit que le commissionnaire pouvait, par la convention de *ducroire*, prendre à sa charge les risques de l'opération moyennant un supplément de commission. Il n'est même pas besoin qu'une convention expresse intervienne à cet effet, le consentement tacite suffit et le *ducroire* peut résulter des habitudes antérieures ou même de l'élévation du droit de commission.

Lorsque le commissionnaire est *ducroire*, son droit de commission est généralement porté au double.

Le caractère précis de cette convention est assez difficile à définir : certains y voient un contrat d'assurance (1), d'autres un contrat *sui generis* (2), d'autres enfin un cautionnement (3). La controverse est, d'ailleurs, sans intérêt : on est d'accord sur les conséquences que produit le *ducroire*.

Cette convention, aussi vieille que le contrat de com-

(1) Bédarride. *Op. cit.*, n° 139.
(2) Alauzet. *Op. cit.*, T. I, n° 384.
(3) Législation anglaise. Story, § 215.

mission, était très usitée en Italie, c'est même de là que nous vient ce nom de *ducroire* de l'italien *del credere*: avoir confiance (1). « *Solent enim mercatores alienas merces recipientes cum mandato vendendi ad tempus certá mercede constitutá promittere* star delle dette, *et* credere, *et addunt se præstituros pecunias, et ut vulgari sermone dicitur* far buoni gli danari (2). »

La commission spéciale payée à cet effet ressemble assez à une prime d'assurance puisqu'elle est destinée à garantir des risques ; mais il faut observer qu'à la différence de de l'assuré, le commettant n'est tenu d'aucune justification à l'échéance. Il poursuit directement son commissionnaire sans s'attacher à prouver l'insolvabilité de l'acheteur ni à discuter ses biens.

Tel n'est pas le système de la loi anglaise qui considère la convention *ducroire* comme un véritable cautionnement : Le commissionnaire n'a qu'une obligation, celle de payer la dette, si cette dette n'est pas exactement acquittée par l'acheteur. Légalement, il garantit (warrants) le paiement de de la dette ; aussi est-il plutôt caution que débiteur princi-

---

(1) On a souvent comparé le *ducroire* à la *fidejussio indemnitatis.* L'analogie est cependant loin d'être parfaite : « *Quanto minus a Titio consecutus fuero, tantum dare spondes ? »* Tels étaient les termes de la *fidejussio indemnitatis* (l. 150, Dig. *de Verb. signific.*), on le voit le fidéjusseur ne paiera que si Titius ne paie pas, d'où nécessité d'actionner tout d'abord ce dernier. Le fidéjusseur n'intervient pas d'ailleurs dans le contrat principal à titre de mandataire ; c'est en vertu d'un contrat accessoire et tout distinct qu'il est tenu.

(2) Straccha. *De assec.*, n° 72,

pal. De là il résulte qu'il n'est tenu de payer qu'*à défaut* de l'acheteur (1).

Le *ducroire* comme le contrat d'assurance ne peut exister qu'autant qu'il y a des risques à courir ; il semble donc qu'il n'aurait pas de raison d'être si le commettant avait exigé la vente au comptant, l'absence de risques paraît dans ce cas évidente. Savary nous dit cependant que si le commissionnaire est *ducroire* « une plus grande commission lui est due que la marchandise se vende au comptant ou à terme (2). »

C'est qu'en effet, même dans les ventes au comptant, un délai de quelques jours sépare toujours le moment où le contrat est passé, de celui où il s'exécute ; l'utilité de la convention de *ducroire* se rencontre donc encore dans cette hypothèse. Le doute peut naître dans les circonstances suivantes :

1° La solvabilité du tiers contractant est certaine ; la convention de *ducroire* sera cependant valable. Si le commettant a consenti au *ducroire*, c'est qu'à ses yeux la certitude de solvabilité n'était pas complète ou que, ne connaissant pas à l'avance la personne de ce tiers contractant, il a voulu se prémunir contre toute espèce de risques.

(1) « The true engagement of the factor..... is merely to pay the debt, if it is not punctually discharged by the buyer. In legal effect, he warrants or garanties the debt, and thus he stands more in the character of a surety, for the debt than as a debtor. Hence it is well established that he is not liable to pay the debt, until there has been a default by the buyer. » Story, § 215.

(2) Savary. *Parfait négociant*, 2° partie, l. III, ch. 3.

Il arrive d'ailleurs trop souvent dans le commerce qu'une apparence de richesse, maintenue par le crédit, trompe les plus habiles, « *mercatores*, disait Casaregis au moyen-âge, *interdum videntur divites et revera sunt pauperes.* »

2° Le marché se fait au comptant. En fait, le commissionnaire n'a couru aucun risque, aussi MM. Delamarre et Lepoitvin lni refusent-ils, dans ce cas, tout droit au *ducroire*, estimant que sans cela, il y aurait un lucre sans cause (1).

Tel n'est pas notre avis, la vente au comptant est une des chances favorables qui constituent l'aléa que le commissionnaire doit courir. Cet aléa existait avec toutes ses chances bonnes ou mauvaises au moment du contrat, car l'on ne savait pas alors si la vente pourrait se faire au comptant, ni pendant combien de temps le commissionnaire serait exposé aux risques; or, à ce moment, le commissionnaire s'est engagé, moyennant une prime supérieure, à garantir le paiement, le commettant y a consenti, le contrat s'est formé (2). Telle était aussi l'opinion de Savary et cela se comprend « à cause des dangers que les commissionnaires courent en faisant les deniers bons, soit que la marchandise se vende au comptant ou à crédit, parce qu'il faut que le fort porte le faible, qui est ordinairement le double. » M. Pardessus se prononce également en ce sens et résout en même temps la question de savoir si le commissionnaire a encore droit au *ducroire* en même temps qu'à l'escompte,

(1) *Contrat de commission*, T. II, n° 574.

(2) Bédarride. *Op. cit.*, n° 147. Le Jolis. *Du Mandat et de la Commission*, n° 580.

dans le cas où le tiers a anticipé le paiement. C'est le troisième aspect de la question que nous examinons.

3° La vente des marchandises a été faite à terme, mais l'acheteur a payé immédiatement en valeurs qui ont été escomptées. Ici encore, c'est par un fait postérieur au contrat primitif que les risques ont disparu : le *ducroire* sera exigible. « Les ventes, dit M. Pardessus, qui se font sous la condition expresse ou tacite d'escompte sont bien réellement réputées faites au terme d'usage et la responsabilité du commissionnaire, a pour objet d'assurer que le commettant sera payé à ce terme ; c'est cette seule garantie qu'il a en vue et qu'il paie par une double commission. Lorsque le commissionnaire paie ensuite à son commettant ce prix qui n'était exigible qu'à terme, il fait un nouveau traité avec lui par lequel il procure à ce commettant la jouissance anticipée de ses fonds, moyennant une remise que celui-ci est maître de refuser, s'il veut attendre le terme d'échéance ; il n'y a donc pas double emploi. »

La convention de *ducroire* ne transforme pas le contrat de commission en un autre contrat, le seul effet produit est le suivant : Le commissionnaire prend à sa charge tous les risques de l'opération. Peu importe, dès lors, la cause qui détermine l'insolvabilité du débiteur ; le commissionnaire répondrait même des cas fortuits qui l'ont provoquée (1).

(1) Tribunal de commerce de Marseille, 10 février 1830. *Recueil* Marseille, 1830, 1, 108. Toulouse, 27 novembre 1869. D. P. 1870, 2 118. Lyon-Caen et L. Renault, p. 426.

CHAPITRE V

GARANTIES DE L'ACCOMPLISSEMENT DES OBLIGATIONS QUI NAISSENT DE LA COMMISSION.

Ces garanties sont : 1° la solidarité ; 2° le droit de revendication : 3° le droit de retention ; 4° le privilège.

§ 1. — *Solidarité.*

Le Code de Commerce est muet sur le point de savoir si la solidarité existe entre les divers commissionnaires qui ont accepté un même ordre, ou, entre les commettants multiples qui l'ont donné. Il faut donc s'en rapporter aux principes du droit civil ; or l'art. 1995 dispose que la solidarité n'existe pas entre les divers fondés de pouvoirs ou mandataires lorsqu'elle n'a pas été exprimée. Il doit en être de même à l'égard des commissionnaires. On a cependant soutenu qu'en matière commerciale, la solidarité était la règle et que dès lors, elle existerait dans tous les cas où l'on n'aurait pas pris le soin de l'écarter (1).

(1) Delamarre et Lepoitvin. T, II, n° 472. Lyon-Caen et L. Renault, *Op. cit.*, n° 827.

Nous n'admettons pas ce système : pourquoi la solidarité qui est une exception en matière civile serait-elle la règle en matière commerciale ? Nous n'en voyons pas de bonne raison. On a, il est vrai, invoqué en faveur du système que nous combattons les textes du Droit romain et principalement la loi 9, Dig. *De duobus reis* qui décide que deux entrepreneurs, deux acheteurs d'une même chose sont tenus solidairement l'un pour l'autre vis-à-vis de la personne avec laquelle ils ont contracté. Seulement on oublie que cette solidarité existe, non pas par le fait de l'achat ou de l'emprunt en commun, mais bien par l'intention conforme des parties contractantes : « *Duo rei locationis in solidum esse possunt...* » ; et Justinien ne fait que consacrer un ordre de choses déjà existant lorsque dans sa novelle 99 il exige que la solidarité soit exprimée.

Telle fut égalemet la doctrine de l'ancien droit ; nous voyons dans la plupart des exemples donnés par nos anciens auteurs que si la solidarité existe entre commissionnaires, c'est à cause d'une association expresse ou tacite, et Barthole se prononce nettement contre toute idée de généralisation (1).

Le Code de Commerce suffit d'ailleurs à réfuter cette opinion. L'art. 22 C. C°. édicte la solidarité entre les membres d'une société en nom collectif, l'article 140 l'établit en matière de lettres de change, l'article 187 l'attache aux en-

(1) Massé. *Le Droit commercial dans ses rapports avec le Droit civil et le Droit des Gens.* T. III, n° 1911.

gagements qui découlent d'un billet à ordre ; à quoi bon tous ces articles si la solidarité existait de plein droit? et si la loi a pris soin de l'édicter dans les divers cas que nous mentionnons, n'est-ce pas une preuve manifeste que la règle générale est toute contraire : *Specialia derogant generalibus* (1).

Mais ici comme au sujet de toutes les conventions qui se passent entre commerçants, il y a lieu de remarquer que la solidarité, pour exister, n'a pas besoin d'être formellement exprimée ; elle résulte de l'intention des parties et la convention qui l'établit peut n'être que tacite. Elle pourrait s'induire d'une société de fait entre les divers commissionnaires ou de ce qu'ils auraient été informés qu'on les chargeait en même temps d'une même opération ; il y aura dans tous ces cas une question d'intention à établir et le juge appréciera souverainement, suivant les circonstances.

Quand les commissionnaires sont tenus solidairement, chacun d'eux répond, pour le tout, de l'exécution de l'opération, mais les fautes restent personnelles à ceux qui les ont commises (2), à moins qu'il n'y ait délit ou concert frau-

---

(1) Aux Etats-Unis la solidarité existe de plein droit entre commissionnaires (Story, § 232). Il en est de même en Allemagne où la solidarité est la règle en matière commerciale : « Si deux ou plusieurs personnes ont pris ensemble un engagement en commun envers une autre personne, elles doivent être considérées comme tenues solidairement en tant que le contraire ne résulte pas de la convention. (*Code allemand*, 280).

(2) Sec. Aubry et Rau, Sur Zachariæ, *Droit civil français*, T. III, n° 466.

duleux entre tous, auquel cas la solidarité existerait de plein droit, quand même elle n'aurait pas été stipulée (1).

Si la solidarité n'existe pas, à défaut de stipulation, au profit des commettants, le commissionnaire peut, au contraire, en invoquer le bénéfice contre tous ses commettants. Il est hors de doute, en effet, que l'art. 2002 C. C. doit être appliqué à notre matière. Peu importe que la commission ait été donnée par tous simultanément ou séparément par chacun d'eux, dès que l'intérêt commun existe, la solidarité en découle.

L'affaire peut d'ailleurs être commune sans qu'il y ait pour cela communauté d'intérêts : deux commerçants donnent à un commissionnaire l'ordre d'acheter, chacun pour leur compte, la moitié du chargement d'un navire. L'affaire est commune, puisque le commissionnaire achetera la totalité de la cargaison, mais la solidarité n'existera pas, car il n'y a pas communauté d'intérêt entre les deux commerçants que nous avons choisis pour exemple ; on ne peut évidemment pas les rendre garants d'ordres qu'il ont donnés chacun pour leur compte.

§ 2. — *Droit de Revendication.*

Le droit de revendication peut-être exercé soit par le commettant, soit par le commissionnaire, nous l'étudierons successivement sous ces deux aspects.

(2) Pont, art. 1995, Cass. 29 décembre 1852, D. P. 53. 1. 49.

N° 1. — DROIT DE REVENDICATION EXERCÉ PAR LE COMMETTANT.

Le commissionnaire est un intermédiaire, les marchandises qui se trouveront entre ses mains au moment de la faillite pourront donc être revendiquées par leurs propriétaires. Il n'y a pas lieu de distinguer si les marchandises proviennent *d'un achat* ou si elles ont été consignées *pour être vendues* ; car, dans ce dernier cas le commettant n'en a pas perdu la propriété par le fait de la consignation ; et, dans le premier, il en est devenu immédiatement propriétaire, puisque le commissionnaire agissait pour son compte et n'avait pas l'intention d'acquérir pour lui-même (1).

Les articles 574 et 575 C. C° posent la règle, nous l'étudierons : 1° au point de vue de marchandises ; 2° au point de vue des effets de commerce.

A. — *Revendication des Marchandises.*

L'art. 575 C. C° ne parle que des marchandises consignées, la règle qu'il édicte doit cependant être étendue aux marchandises achetées pour le compte du commettant et non encore expédiées. Une difficulté de preuve peut cependant s'élever si le commissionnaire a agi en son nom personnel. Le commettant prouvera, dans ce cas, en puisant ses inductions dans les circonstances et dans la nature de l'achat que le commissionnaire n'a pas eu l'intention de se rendre

(1) Delamarre et Lepoitvin, T II n° 363.

acquéreur pour lui-même. Il y aurait, par exemple, dans le fait d'un achat fait postérieurement à un ordre accepté, une présomption très forte en faveur de l'exécution de la commission : » *In dubio autem censetur emisse virtute præcedentis mandati et sic procuratorio nomine* (1). »

« Quand porteur de votre mandat, j'ai acheté en mon nom la chose même que ce mandat me désignait, il est plus juste et plus naturel de penser que j'ai répondu à votre confiance, que de me croire capable· d'en avoir abusé pour m'approprier la spéculation. Le dol ne se présume pas ; l'axiome est consacré par la législation de tous les pays. Si donc le commettant fait la preuve d'un tel mandat, et qu'il ajoute à cette preuve celle de l'identité de la marchandise, sa revendication ne doit plus souffrir de difficulté (2). »

Les marchandises peuvent se trouver en nature dans les mains du commissionnaire ; elles peuvent avoir été vendues et dans ce cas le prix en a été payé au commettant ou bien il est encore dû.

(A) Les marchandises se retrouvent en nature entre les mains du commissionnaire :

C'est bien là l'hypothèse prévue par l'art. 575 C. C°.

« Pourront être également revendiquées, dit le 1er alinéa de cet article, aussi longtemps qu'elles existeront en nature, en tout ou en partie, les marchandises consignées au failli à titre de dépôt ou pour être vendues pour le compte du propriétaire. »

(1) Rote de Gênes. Décision 47. Casaregis, *Disc.* 161. n° 6.

(2) Delamarre et Lepoitvin, T. II, *Loc. cit.*

Il résulte de là que, si les marchandises ont été vendues, l'acquéreur ne pourra être inquiété : la vente faite dans la limite des pouvoirs consentis est obligatoire pour le commettant ; peu importerait d'ailleurs que le tiers acquéreur eût pris ou non possession de la marchandise, la vente est parfaite par l'échange des consentements et la propriété a été transférée du jour du contrat.

Mais il peut se faire qu'en vendant, le commissionnaire ait excédé ses pouvoirs. Dans ce cas, si la marchandise vendue n'a pas été livrée, le commettant pourra s'opposer à la délivrance : la vente n'existe pas pour lui et le tiers se trouverait sans droit à son égard, puisque le commissionnaire a vendu la chose d'autrui. Si, au contraire, l'acquéreur a pris possession de la marchandise, le commettant ne pourrait la revendiquer entre ses mains. L'acquéreur lui opposerait victorieusement l'art. 2279 du Code civil : en fait de meubles, possession vaut titre ; sa bonne foi le mettrait à l'abri de tout reproche.

Les marchandises doivent se retrouver *en nature*, que faut-il entendre par ces mots ?

Cela signifie que les marchandises doivent se retrouver entre les mains du commissionnaire, telles qu'elles puissent être reconnues facilement et qu'il n'y ait pas de douté sur leur identité. Dès lors, si le commissionnaire qui a reçu des produits bruts les a fait fabriquer, la revendication ne sera pas admise. De même si le commissionnaire a vendu ces marchandises contre les ordres du commettant, et en a racheté d'autres semblables avec le prix, ou s'il les a échangées, le commettant n'a qu'une action en paiement ou en dommages-intérêts, suivant les cas ; le droit de revendication ne lui appartient plus.

« Pour revendiquer, il faut prouver sa propriété ; or, quand la chose n'est plus *en nature*, si une telle preuve n'est pas absolument impossible, du moins est-elle de la plus grande difficulté ; il en résulterait des retards sans fin et des contestations sans nombre : donc point de revendication, et cela sans qu'il y ait à rechercher par qui ni par quelle cause l'objet se trouve dénaturé. Des intérêts légitimes pourront en souffrir ; le législateur ne l'ignore pas ; mais, en créant une présomption *juris et de jure* que la chose n'est plus reconnaissable, il les sacrifie à la crainte des procès (1). »

Il résulte de là que la revendication ne peut pas s'exercer par équipollence ni par voie de subrogation réelle, de substitution d'une chose à une autre. Celui qui réclame non pas sa chose, mais l'équivalent de sa chose, n'est plus un revendicant, c'est un créancier ; or la loi n'a fait exception au principe de l'égalité qu'en faveur du propriétaire et elle a strictement maintenu ce principe à l'égard des créanciers (2).

S'il s'agit de matières premières, la façon qu'elles auraient reçue empêcherait toute revendication. L'art. 575 C. C° exigeant que les choses se retrouvent en nature montre bien

(1) Delamarre et Lepoitvin. *Op. cit.* T. II p. 650 et suiv.

(2) Renouard, *Traité des Faillites*, T. II p. 239; Dalloz J. G. V° *Faillite* n°ˢ 1212, 1273 et suiv. ; Lyon-Caen et L. Renaud, *Droit commercial* n° 821.

que les articles 510 et suivants du Code civil relatifs à la spécification ne sont pas ici applicables. Il rentre, d'ailleurs, dans le pouvoir discrétionnaire des tribunaux d'apprécier si les marchandises, par suite de la fabrication qu'elles ont reçue, ne se retrouvent plus *en nature* dans les mains du failli.

Il y a donc une grande différence entre la revendication du vendeur et celle du commettant. Le droit de revendication du vendeur cesse, en effet, lorsque la tradition a été effectuée dans les magasins du failli ou dans ceux du commissionnaire chargé de les vendre pour son compte (Art. 576 C. C°). Il ne peut même plus les revendiquer si, pendant qu'elles voyageaient encore le premier acheteur les a revendues sans fraude sur factures et connaissements ou lettres de voitures signées par l'expéditeur (Même art. 576 C. C°).

Au contraire, le commettant revendique dans la faillite du commissionnaire la totalité ou même ce qui reste des marchandises qu'il lui a expédiées ; le nouvel article 575 C. C° en ne reproduisant pas exactement les termes de l'ancien art 580 C. C° a bien montré qu'il fallait uniquement s'attacher à la question d'identité, question qui sera résolue souverainement par les juges du fait.

La raison de ces différences est facile à comprendre : le vendeur non payé qui revendique tend à faire rescinder la tradition effectuée, son droit de revendication ne s'appuie même pas sur le droit de propriété, bien que ces deux idées paraissent nécessairement liées, la propriété a été perdue pour lui du jour de la vente. La situation du commettant est

ou contraire plus digne d'intérêt, car le commettant revendique une chose qui lui appartient, qui n'appartient qu'à lui ;
la seule difficulté est de prouver sur laquelle ces choses dé-
tenues par le commissionnaire porte son droit. Cette preuve
pourra être faite par tous les modes commerciaux ; la con-
fusion de cette chose avec d'autres n'empêcherait pas la revendication si la séparation pouvait avoir lieu (1).

Tel est le système de la loi ; ce système nous paraît cri-
tiquable. L'existence entre les mains du commissionnaire de
marchandises autres que celles qui lui ont été livrées est
due à la consignation qui lui avait été faite.

N'est-il pas souverainement juste de les attribuer au
consignateur ? Pourquoi le commissionnaire infidèle tirerait-
profit de sa mauvaise gestion et de sa faute ? C'est là, croyons-
nous, la raison qui a déterminé les législateurs de l'Angleterre et des Etats-Unis à édicter une règle toute différente
de celle qui se dégage de l'art. 575.

Peu importe, suivant la législation des Etats-Unis, la
transformation subie par la propriété, transformation en
billets, en marchandises, en rentes sur l'Etat ou en argent.
Une subrogation réelle s'opère, subrogation de la chose

(1) Dalloz. V° *Faillite*, n° 1212.

Dans le même sens, Code belge, Code italien, Code allemand.

Le Code espagnol (art. 114 et suiv.) dispose d'une manière géné-
cale que les biens détenus par le failli en qualité de dépositaire, administrateur, locataire, etc., pourront être revendiqués par les *acce-
dores de dominio* (créanciers de propriété). Même disposition dans le
Code portugais, art. 1217 et suiv.

Hœchter, Sacré et Léonel Oudin. *Op. cit.* p. 764 et suiv.

substituée à la chose primitive ; le droit de revendication ne cesse que si les moyens de prouver le droit de propriété font défaut (1).

On invoque, il est vrai, pour justifier notre règle, des considérations d'équité et d'utilité pratique : « La position d'un certain nombre de créanciers au moins. dit-on, ne peut-elle pas être la même ? Un tel est créancier de la faillite parcequ'il a prêté au failli des fonds avec lesquels celui-ci a acheté tel ou tel immeuble. Sans ce prêt l'immeuble ne ferait pas partie de l'actif de la faillite et cependant personne ne s'aviserait de vouloir donner au prêteur la faculté de s'approprier par préférence la valeur de l'immeuble.

Ces considérations ne nous paraissent pas décisives.

Le législateur, en édictant l'article 575 C. C° a voulu que la masse des créanciers ne s'enrichît pas sans cause d'objets qui n'appartenaient certainement pas au failli ; ces créanciers ne pouvaient pas, en contractant, compter sur ces objets comme sur un gage affecté à leur créance, puisque leur dé-

(1) « It will make no différence, in law, as, indeed, it does not in reason, what change of form, different from the original, the property may have undergone, wheter it be changed into promissory notes or the securities, or into marchandise, or into stock, or into money. For the product of the substitute for the original thing still follows the nature of the thing itself as long as it can be ascertained to be such ; and the right only ceases, when the means of ascertainment fail (Story § 229. Le Jolis, n° 598).

Si le paiement a eu lieu en marchandises, la loi anglaise autorise le commettant (principal) à exercer son droit de revendication (claim) contre les syndics (assignees) de la faillite du commissionnaire (factor). — Bankrupt law consolidation act. Acte du Parlement du 1er août 1849 ; Colfavru. Op. cit, p. 560.

biteur n'avait sur eux aucune espèce de droit; et d'autre part, il a semblé aux rédacteurs de ce même article qu'il y aurait une égale injustice à priver le vrai propriétaire de sa chose quand cette chose sera parfaitement reconnaissable.

Sans doute, on n'accordera pas le même droit au bailleur de fonds dont l'argent aurait servi, de notoriété certaine, à telle ou telle acquisition qui se retrouve dans la faillite, mais cela tient à une raison tout autre. C'est qu'en effet l'argent est une chose dont l'identité ne peut pas être établie; par le fait de la remise et de la tradition, celui qui le touche en devient en quelque sorte propriétaire. L'emprunteur, en effet, ne devient pas débiteur, par le fait de l'emprunt, des *mêmes* deniers qu'il a touchés; il est tenu d'une somme égale à celle qu'il a reçue, et voi à pourquoi notre Code, fidèle en cela aux vrais principes du droit, interdit la revendication de l'argent comptant.

Telle n'est pas la situation que nous envisageons : le commissionnaire a reçu des marchandises; ces marchandises, si elles existaient pourraient être revendiquées ; en fait elles ont disparu mais elles ont été remplacées par d'autres, il n'y a pas de doute sur la provenance de ces dernières marchandises; tout l'atteste : la correspondance, les livres, le témoignage des tiers contractants. Pourquoi ne pas les attribuer par préférence au propriétaire des marchandises données en consignation ?

Il est donc bien certain que cette solution est préférable en équité; mais nous le répétons, telle n'est pas la solution que donne l'article 575 du Code de commerce.

(*B*) Les marchandises ont été vendues. mais leur prix est encore dû.

L'art. 575 2° al. autorise dans ce cas le commettant à revendiquer le prix non payé entre les mains de l'acquéreur ou, pour parler plns exactement, à exercer pour son profit exclusif, l'action en paiement qui appartient à son commissionnaire. Le commettant exerce cette action en vertu de l'art. 1166 C. C., mais le profit ne tombera pas dans la masse. Toutefois, le commettant prenant la place du commissionnaire et exerçant ses droits peut être soumis à toutes les exceptions que l'acquéreur aurait pu opposer à ce dernier : compensation, dation en paiement, etc.

Est-il besoin d'ajouter que le *ducroire* n'empêcherait pas le commettant d'exercer son droit de revendication ? La convention du *ducroire* n'est en effet qu'un surcroît de garantie accordée par le commissionnaire ou commettant, elle ne peut restreindre en rien les effets du contrat de commission (1).

Cette revendication ne pourrait plus avoir lieu si le prix avait été payé, réglé en valeurs ou compensé en compte-courant.

(*a*) Le prix des marchandises a été *payé*.

Pas de difficulté en ce qui concerne le paiement ; on comprend, en effet, que si la créance n'existe plus, si le le prix est venu se confondre avec les biens du failli, le commettant se trouve réduit à la situation d'un créancier

(1) Code portugais 915, Code des Pays-Bas, art. 240.

ordinaire de la faillite. On décide cependant que si le tiers acheteur a remis au commissionnaire failli le prix des marchandises dans des sacs cachetés et scellés portant l'indication du nom du commettant, le doute ne pouvant exister sur l'origine et la destination de ces derniers, le commettant doit être admis à les revendiquer.

(b) Il y a eu *règlement en valeurs*.

Le règlement en valeurs est assimilé par la loi au paiement. Il est certain, par conséquent que si des effets de commerce ont été donnés en paiement, l'acheteur qui a reçu quittance, est encore libéré, mais il se peut que cet acheteur ait donné des billets payables par lui-même et qu'au lieu de les négocier le failli les ait conservés, le commettant pourrait-il encore les revendiquer? Nous ne le pensons pas car le prix des marchandises a été réglé en valeurs, et l'article 575 ne permet plus la revendication dans cette hypothèse.

Cette solution, bien que rigoureuse, nous paraît résulter nécessairement des termes de l'art. 575 (1). Suivant un autre système (2) le droit re revendication existera ou fera défaut suivant que le commettant arrivera au non à établir que ces billets représentent le prix de ses marchandises, prix parfaitement reconnaissable, et, par conséquent susceptible de revendication. Le billet souscrit, dit-on, n'est pas une valeur dans le sens de l'art. 575 ; il constate sim-

(1) Delamarre et Lepoitvin, *Op. cit.* T. III, n° 218.
(2) Le Jolis, *Op. cit.* n° 601.

plement que le prix est encore dû, c'est une reconnaissance de la dette au profit du commissionnaire, et, à ce titre, le commettant a droit qu'ils lui soient exclusivement attribués. « Ce sera même la seureté des commettants, dit Savary, car s'il arrivait par malheur que les commissionnaires vinssent à faire faillite, il est certain que les commettants pourraient réclamer et revendiquer les sommes deües par les débiteurs, parce qu'elles se trouveraient écrites sur leurs journaux pour leur compte, et non pour celui des commissionnaires qui ne font en cela qu'office d'amis envers les commettants, en la vente des marchandises qu'il font pour le compte des commettants et non pour le leur, quand même il se trouverait y avoir des billets conçus au nom des commissionnaires pourvu qu'ils portassent pour marchandises vendeües ce jourd'huy, parce qu'y ayant relation du jour de la vente des marchandises à celui de la date que les billets auraient été faits, il ne peut y avoir aucune difficulté et les billets doivent être rendus aux commettants, cela ayant toujours été jugé en leur faveur » (1).

(c) Le prix a été *compensé en compte-courant*.

La revendication du prix n'est plus possible lorsque ce prix a été compensé en compte-courant entre le failli et l'acheteur; il ne suffit donc pas que le prix ait été porté en compte-courant, il faut encore qu'il ait été compensé ; le nouvel art. 575, en ne reproduisant pas la disposition de l'ancien art. 581 qui parlait du prix *passé* en compte-courant,

(1) Savary, *Le parfait négociant*, 2e partie, L. 3, ch. III, p. 227.

montre bien qu'il faut s'attacher à une compensation
réelle (1) et la compensation existera, suivant nous, lorsqu'au moment de la faillite le prix dû par l'acheteur se trouvera compensé dans l'intérêt de cet acheteur avec une somme
ou une valeur que lui devra le commissionnaire. Il y aura
donc lieu, au moment de la faillite de faire la balance du
compte-courant. Le solde se règle-t-il en faveur du tiers acheteur, nous refuserons au commettant le droit de revendication;
se règle-t-il, au contraire, en faveur du commissionnaire,
nous permettrons dans ce cas au commettant de se le faire
attribuer par préférence aux autres créanciers de la faillite,
jusqu'à concurrence de parfait paiement (2).

Le paiement ou les faits équivalents doivent avoir été
accomplis par l'acquéreur dans le temps de la capacité du
commissionnaire failli pour être opposables au commettant ;
à plus forte raison, si le syndic de la faillite touchait le prix
encore dû, nul doute que le commettant puisse le revendiquer entre ses mains.

Il peut arriver que le tiers débiteur du prix soit en faillite en même temps que le commissionnaire, le commettant
a-t-il alors le droit de produire en même temps aux deux
faillites ou du moins a-t-il le choix de produire à l'une ou
l'autre de ces faillites, suivant que le dividende sera plus ou

(1) Sec. Boistel. *Op. cit.*, p. 725.

(2) Décidé en ce sens sous l'empire de l'ancien article 581 C C°,
que la revendication est possible toutes les fois que le prix n'a pas
été payé réellement ou par voie de compensation, c'est-à-dire par un
règlement de compte entre le failli et l'acheteur. — Bruxelles, 24
juillet 1819. Dalloz, J. G. V° *Faillite*, n° 1224.

moins fort dans l'une que dans l'autre ? Non, en principe. Il ne faut pas oublier, en effet, que le commissionnaire n'est qu'un intermédiaire, qu'il ait traité en son nom ou au nom de son commettant ; ce dernier n'a donc droit qu'à l'action née du contrat passé avec les tiers.

Toutefois, si le commissionnaire était *ducroire*, le commettant pourrait produire à la faillite comme assuré, en même temps qu'il produirait à la faillite de l'acquéreur comme créancier. Ce n'est là qu'une application des principes généraux que nous avons exposés plus haut.

B. — *Revendication des Effets de commerce.*

Par application de la même idée qui a fait établir la revendication des marchandises, le Code de Commerce dans l'art. 574 autorise la revendication des effets de commerce qui se retrouveront en nature, au moment de la faillite, dans le portefeuille du commissionnaire, lorsque ces remises d'effets auront été faites par le propriétaire avec le simple mandat d'en faire le recouvrement et d'en garder la valeur à sa disposition, ou, lorsqu'elles auront été de sa part spécialement affectées à des paiements déterminés. Ici encore on décide que l'effet doit se retrouver le même que celui qui a été donné ; s'il a été payé ou s'il a été cédé, le commettant est un simple créancier; son droit de revendication ne pourrait s'exercer que si, à l'époque de la faillite, l'effet n'avait pas été employé (1).

(1) Code belge, art. 566. Code espagnol, art. 114. Code hollandais, art. 242. Code italien, art. 687.

Comme pour la revendication des marchandises, le commettant devra établir : d'abord, qu'il est propriétaire ; en second lieu, que les titres et effets de commerce qui se retrouvent dans la faillite sont identiquement les mêmes que ceux qu'il a remis au commissionnaire.

Le commettant qui revendique prouvera assez facilement sa propriété ; il lui suffira, pour cela, d'établir qu'un contrat non translatif de propriété a été passé entre lui et le failli, et cette preuve résultera aussi bien du récépissé émanant du commissionnaire que des registres et de la correspondance des parties.

La plupart des auteurs enseignent même que des effets de commerce transmis au failli par un endossement régulier, translatif de propriété, peuvent être revendiqués par l'endosseur s'il prouve, d'une manière certaine, que ces effets n'ont été transmis que pour recouvrer, ou pour une affectation spéciale (1).

La preuve de l'identité des titres et effets de commerce réclamés sera plus délicate à établir ; elle sera même très

_____

(1) Pardessus, n° 1285, Boulay-Paty, T. II. n°s 758 et 759, Bédarride, n° 1109, Dalloz, J. G. Loc. cit., n° 1186.

Les espèces monnayées et billets de banque envoyés au failli avec destination spéciale ne pouraient être revendiqués ; il en serait cependant autrement si cet envoi revêtait les caractères d'un dépôt et si les espèces ou billets dont s'agit formaient un corps certain, individualisé, s'ils étaient renfermés, par exemple, dans des sacs cachetés ou scellés. — Lyon, 11 novembre. S. D. 64. 2. 235 ; Pardessus, T. III, n° 1274 ; Laroque Sayssinel, p. 603.

difficile à fournir, s'il s'agit de titres au porteur (1). Si le revendiquant peut produire le récépissé émanant du failli et
contenant l'indication des numéros des titres qu'il réclame,
la preuve de l'identité sera parfaite, mais il n'en sera pas
toujours ainsi. Les tribunaux devront alors apprécier le
mérite de la preuve en se guidant sur ces principes : que la
revendication doit atteindre dans leurs légitimes espérances
des créanciers qui souffrent déjà de la faillite, qu'ainsi il y a
lieu de se montrer très circonspect et très exigeant dans
l'admission de la preuve, que, dès lors, « toutes les fois
qu'une action en revendication est intentée sans l'indispensable appui de signes particuliers déterminant un corps
certain, elle doit nécessairement succomber (2). »

« D'après les principes généraux du droit, dit M. de
Folleville, en l'absence de circonstances particulières susceptibles de distraire l'espèce de son genre et de l'isoler pour
en faire un corps certain, à l'aide d'une individualisation
caractéristique et précise, nul ne peut être autorisé à reven-

---

(1) Nous empruntons la plupart de nos développements sur la
revendication des titres et effets de commerce au remarquable ouvrage
de M. Daniel de Folleville, le savant doyen de la Faculté de droit de
Douai, *Traité de la possession des meubles et des titres au porteur*,
2e édition, p. 668 et suiv.

(2) La jurisprudence décide que si des fonds ont été remis au
failli pour l'achat de certaines valeurs et que ces valeurs se retrouvent
dans la faillite revêtues d'une étiquette au nom du revendiquant, la
preuve de la propriété de ce dernier et de l'identité des titres réclamés est suffisamment établie par ce fait. — Tribunal de commerce
de Lille, 6 décembre 1866, 26 décembre 1866, 13 novembre 1866 ;
arrêts confirmatifs de la cour de Douai, 8 février 1867, 3 juin 1867,
8 février 1867, rapportés par M. de Folleville. *Loc. cit.*

diquer des titres au porteur dans une faillite consommée, sous prétexte d'abus de mandat ou de dépôt. L'ayant-droit à des titres de cette nature doit être habituellement considéré comme un simple créancier, condamné à supporter d'avance sa part du désastre commun. Il ne saurait être légitimement admis à distraire de l'actif des valeurs, qui en font évidemment partie, constituant ainsi le gage de la masse des créanciers. Toutes les fois donc qu'une revendication est intentée sans l'indispensable appui de signes particuliers déterminant un corps certain, elle doit nécessairement succomber (1). »

Si les titres ou effets de commerce réclamés n'existent plus parmi les biens du failli et que leur prix soit encore dû en partie ou en totalité, nul doute que le commettant puisse le revendiquer ; l'art. 575, 2ᵉ alinéa, est ici encore entièrement applicable (2).

Nᵒ II. — DROIT DE REVENDICATION EXERCÉ PAR LE COMMISSIONNAIRE.

La revendication des marchandises en cours de voyage, lorsqu'elles sont adressées par le commissionnaire acheteur au commettant, est admise par l'usage par application, ou plutôt par extension, de l'article 576 du Code de Commerce. Mais sur quel principe pour se baser cette revendication ? Sur le droit de propriété ! Mais nous avons vu que si le

(1) Daniel de Folleville. *Op. cit*, p. 682.
(2) V. *Suprà*, p   .

commissionnaire devient propriétaire à l'égard des tiers, il n'en est pas de même dans ses rapports avec le commettant.

Le commissionnaire est-il donc subrogé aux droits du vendeur en vertu de l'article 1251 C. C. ? On le prétend (1), et nous comprenons ce système dans le cas où le commissionnaire s'est obligé tant en son nom personnel qu'au nom de son commettant : dans ce cas, en effet, il y a bien deux coobligés et si le commissionnaire est forcé de payer, il pourra invoquer l'article 1251 pour agir contre son commettant.

Mais la situation n'est plus la même si nous supposons, et c'est le cas le plus fréquent, que le commissionnaire a seulement agi en son nom personnel. Dans ce cas, le tiers vendeur a traité avec le commissionnaire seul, c'est lui seul qu'il a eu pour obligé ; comment veut-on qu'il le subroge dans un droit qu'il n'a pas contre le commettant. Il est est vrai que le vendeur non payé pourrait revendiquer. Mais ce droit de revendication est une garantie de sa créance contre le commissionnaire, cette garantie disparaît en même temps que la créance.

Enfin, une opinion que nous indiquons pour mémoire, a prétendu que le commissionnaire est investi du droit de revendication, parceque dans ses rapports avec le commettant il est véritablement vendeur (2). Ce système qui mé-

---

(1) Clamageran, n° 371. Bédarride, n° 225 et suiv. Pardessus, T. II, n° 563. — Lyon-Caen et L. Renaud, *Op. cit.*, n° 816.

(2) Duranton, T. XVII, n° 264.

connaît profondément les caractères essentiels du droit du commission ne compte plus de partisans aujourd'hui.

L'explication de cet usage, la raison juridique de la revendication accordée au commissionnaire, trouve, suivant nous, son explication dans l'art. 576 lui-même. Il est certain qu'en équité la situation du commissionnaire non payé du prix des marchandises qu'il a achetées et qu'il devra payer au vendeur est aussi digne d'intérêt que celle d'un vendeur qui aurait directement traité avec le négociant aujourd'hui en faillite ; cette parité de situation doit amener les mêmes conséquences.

L'art. 576 s'y oppose-t il ? En aucune façon ; c'est l'interprétation seule du mot *revendiquer* qui a conduit les commentateurs à dire que le propriétaire seul pouvant revendiquer, l'art. 576, en logique rigoureuse, ne devait pas être appliqué à d'autres. C'est là une erreur, le vendeur non payé qui revendique sa marchandise est-il donc encore propriétaire ? Non certainement, la vente est parfaite par le seul consentement des parties contractantes ; or, en fait il y a eu échange de consentements, bien mieux, il y a eu dessaisissement, envoi des marchandises, et cependant le vendeur revendiquera.

C'est, qu'en effet, le vendeur revendique son gage et non pas un droit de propriété qu'il a perdu. Sans doute, il pourra demander la résolution, par application de l'article 1654 C. C., mais cette résolution, qui doit être prononcée par justice ne saurait être confondue avec la revendication qui est véritablement et dans le fond une mesure conservatoire destinée à assurer l'exécution du contrat. « Il ne s'agit pas, en effet, ici d'une revendication proprement dite, appuyée sur le droit de propriété. Le vendeur revendique son gage..... Il pouvait retenir la chose jusqu'au paiement (1612). Il a livré par erreur, par imprudence ; il craint que l'acheteur n'aliène la chose, ce qui détruirait même son privilège ; il veut la reprendre pour se replacer dans la situation que lui faisait l'art. 1612, c'est-à-dire pour recouvrer la rétention... La revendication aura pour lui cet avantage qu'elle opérera rapidement, sans délai, car ce n'est point, à proprement parler une action en justice ; c'est une mesure *conservatoire* qui, dans son exercice, *ressemble* à une mesure d'*exécution* et qui s'appelle la saisie-revendication (826, C. Pr.). Une fois le meuble ainsi arrêté, le vendeur ne craindra pas les déplacements et les aliénations (1). »

Nous croyons que le droit de revendication accordé au commissionnaire repose sur les mêmes considérations d'équité : « *Ubi eadem ratio, ibi idem jus.* »

Il faut d'ailleurs, pour que ce droit de revendication puisse s'exercer efficacement que les marchandises ne se trouvent pas encore dans les mains du failli ou dans celles du commissionnaire chargé de les vendre pour lui. Toutes les conditions de l'art. 576, C. C°, devront se trouver réu-

---

(1) Colmet de Sauterre sur Demante, T. IX, p. 62 et suiv.

nies (1), et par conséquent, la revendication ne serait pas
recevable si, avant leur arrivée, les marchandises avaient
été vendues sans fraude sur factures et connaissements ou
lettres de voiture signées de l'expéditeur.

Comme conséquence de l'exercice de son droit de revendication, le commissionnaire serait tenu de rembourser à la
masse les à-compte de toute espèce qu'il aurait reçus.

§ 3. — Droit de Rétention.

Le commissionnaire peut retenir jusqu'à complet remboursement les sommes et marchandises qu'il détient pour
le compte du commettant, soit que ces marchandises lui
aient été adressées avec ordre de les·vendre et que l'ordre
ait été révoqué, soit qu'elles proviennent d'un achat fait en
exécution du contrat de commission.

Ce droit de rétention est fondé sur le principe contenu
dans l'art. 1184 : on ne peut, dans un contrat synallagmatique, demander que l'autre partie exécute son engagement
sans exécuter soi-même le sien.

---

(1) Il en est de même aux Etats-Unis et en Angleterre : le droit
de revendication, *Right of stoppage in transitu*, n'appartient à l'expéditeur qu'aussi longtemps que les marchandises sont en route. Ce
droit cesse par suite de la livraison réelle ou virtuelle *(constructive)*
de la marchandise à celui à qui elle est expédiée. (Russel. *A treatise
on mercantile agency*, p. 183).

Dans le même sens : Loi allemande du 10 février 1877 sur les
faillites, art. 96 ; Loi belge du 18 avril 1851, art. 546 et 568. Cpr.
Code espagnol, art. 1114, nᵒˢ 8 et 9. Code portugais, art. 912. Code
des Pays-Bas, art. 230 et suiv.

« Est-il rien de plus juste, dit M. Bédarride, que l'obligation pour le commettant voulant reprendre sa marchandise, de rembourser avant tout ce qu'il en a coûté au commissionnaire pour la recevoir, la conserver, l'améliorer et en faciliter la vente ? Tous ces frais sont venus s'incorporer à la chose, en former la valeur marchande, car le prix de la vente devra en faire retrouver le montant ajouté à la valeur vénale et intrinsèque.

Donc ce que le commettant réclame c'est une marchandise d'une valeur supérieure à celle qu'elle avait au moment de l'envoi et qui n'a atteint cet excédant de valeur que par le paiement par le commissionnaire des dépenses occasionnées par le voyage. Il est donc de bonne justice que celui-ci soit indemnisé de ces dépenses et autorisé à refuser jusque là de restituer la chose. » (1)

Le droit de rétention s'exerce contre le commettant et contre tous ses ayants-droit et il a été décidé en ce sens que si les créanciers ont le droit de saisir-arrêter les marchandises entre les mains du commissionnaire, ils ne peuvent s'opposer à la main-levée réclamée par ce dernier, qu'autant qu'ils le désintéressent de ce qui lui est dû. Nous avons vu également que, si le commissionnaire s'est rendu acquéreur de marchandises pour le compte du commettant, et que le paiement doive se faire à terme, le commettant ne peut exiger la livraison immédiate que s'il garantit le commis-

(1) Bédarride. *Commentaire du Code de commerce, Des commissionnaires*, nº 169.

sionnaire contre les poursuites des tiers. S'il ne le fait pas, le commissionnaire aurait le droit de conserver la marchandise, à moins toutefois de convention contraire.

Mais le droit de rétention pourrait être parfois une garantie stérile et inefficace si le commissionnaire devait attendre, pour être remboursé, le bon vouloir du commettant; aussi, pensons-nous qu'à l'échéance du terme, le commissionnaire pourra vendre les marchandises et se rembourser sur leur prix, sans avoir besoin pour cela de remplir d'autres formalités que celles qui sont indiquées dans l'art. 93 du Code de commerce. A défaut de paiement à l'échéance le commissionnaire pourra donc, huit jours après signification faite au commettant, faire procéder à la vente publique des objets qu'il a entre les mains (1).

Si les marchandises étaient de nature à se détériorer, nous croyons, avec M. Alauzet (2), que le commissionnaire pourrait demander au tribunal l'autorisation de les vendre, même avant l'échéance, mais il faudrait pour obtenir cette autorisation que la détérioration provînt d'un cas fortuit et ne fût pas une conséquence du vice propre de la chose, le

---

(1) Le Code hollandais exige que la vente soit autorisée par le tribunal (art. 315), il en est de même dans le Code allemand (art. 82).

La loi belge du 15 mai 1872, art. 5, indique également une procédure spéciale: le créancier doit d'abord mettre son débiteur en demeure de payer, puis, sur son refus, il adressera une requête au président du tribunal, qui ordonnera la vente. Cette ordonnance sera signifiée au débiteur qui a un délai de trois jours pour y former opposition.

(2) Alauzet, T. I n° 409.

commissionnaire ayant pu prévoir dans ce cas le peu de solidité que présentait son gage.

Le droit de rétention garantit les avances et frais faits à l'occasion de la chose, mais on ne saurait assimiler à ces avances et frais le droit de commission qui peut être dû.

§ 4. — *Privilége.*

Les droits de revendication et de rétention ne suffisent pas à protéger pleinement le commissionnaire car d'une part le droit de rétention ne garantit que les frais faits pour la chose, et, d'un autre côté, l'exercice du droit de revendication est soumis à des conditions très rigoureuses. Que le commettant tombe en faillite, et le commissionnaire qui s'est dessaisi de la marchandise va se trouver en présence d'autres créanciers, qui tous auront, comme lui, un droit égal a être remplis de leurs créances. La situation du commissionnaire est cependant plus digne d'intérêt que toute autre : si l'actif comprend des marchandises, c'est grâce à lui qu'elles s'y trouvent, il est donc juste que de préférence à tous autres il soit payé du salaire qui lui est dû et remboursé des frais que l'opération a entraînés pour lui.

De plus, il arrive fréquemment que le commissionnaire fournit au commettant au moment du contrat certaines sommes connues sous le nom d'*anticipations d'usage*, véritables avances sur la marchandise, avances précieuses pour le commettant puisqu'il pourra, de cette façon, escompter en quelque sorte la marchandise qu'il remet au commissionnaire, attendre, pour l'écoulement de ses produits, un moment favorable, sans que ce retard nuise le moins du monde à la marche de son commerce ou de son industrie, et continuer ses opérations sans être obligé pour cela d'augmenter ses capitaux en circulation.

La constitution du gage civil est entourée de formes trop gênantes pour que le commerce puisse utiliser ce moyen de crédit ; et, cependant, il était urgent de rassurer le commissionnaire sur le sort des avances qu'il n'a faites qu'en contemplation de la marchandise et qui l'assimilent entièrement à un créancier gagiste.

Telle est la raison du privilège que lui accorda le code de 1807, que la loi du 29 mai 1863 est venue préciser et que toutes les législations étrangères sont unanimes à admettre (1).

Par le fait de la consignation et des avances, le commissionnaire a droit au privilége ; mais le Code de 1807, pour éviter des fraudes qui, dans l'esprit du législateur, auraient pu permettre au débiteur de favoriser un créancier au détriment des autres, avait subordonné l'existence du privilège à l'envoi des marchandises d'une place sur une autre, de manière à rendre impossible l'abus d'une consignation après coup (2). Cette restriction était excessive, car s'il était vrai de dire que la fraude aurait pu être possible dans certains cas, il n'en résultait pas nécessairement que toujours elle se se-

(1) Code espagnol, art. 169 et suiv. Code portugais, art. 80. Code italien, art. 73. Loi belge du 5 mai 1872, art. 14. Code allemand, art. 374. Code suédois du 6 octobre 1848.

(2) *Rapport de la commission au Corps législatif,* D. P. 1863. 3.

13

rait produite. De plus on exigeait généralement que les avances eussent été faites après la consignation (1) sans observer qu'il s'établit le plus souvent entre le commissionnaire et le commettant un double mouvement d'avances et de marchandises, le compte des marchandises étant destiné à couvrir le compte des avances successives ; et qu'enfin, l'essentiel est que les avances aient été faites en contemplation de la marchandise, ou que les marchandises aient été consignées en contemplation des avances passées ou futures (2).

La loi de 1863 n'a pas reproduit ces rigueurs ; elle a en même temps réglementé le gage commercial et fait disparaitre sur toutes ces questions les controverses produites par des difficultés de détail.

Nº 1. — À qui le privilége est accordé.

Les anciens articles 93-95 C. Cº n'accordaient de privilége au commissionnaire que s'il était chargé de vendre la marchandise, le nouvel art. 95 est au contraire beaucoup plus large. « Tout commissionnaire, dit cet article, a privilége sur les marchandises à lui expédiées, déposées ou consignées par le fait seul de l'expédition du dépôt ou de la consignation pour tous les prêts avances ou paiements faits par lui, soit avant la réception des marchandises, soit pendant le temps qu'elles sont en sa possession..... »

(1) Bédarride. *Commentaire du Code de Commerce, des Commissionnaires*, nº 172.

(2) Rapport au Corps législatif, *supr. cit.*

Le point de savoir à qui le privilége doit être accordé était autrefois assez facile à déterminer. Y avait-il expédition de place en place, les parties avaient-elles des résidences distinctes, le privilége existait de plein droit ; il en était autrement et le privilége ne résultait que d'une convention expresse de gage si ces deux conditions n'étaient pas réalisées.

Où sera maintenant le *criterium* ? Il est assez difficile à formuler, car, ainsi que le disait M. Vernier au Corps législatif, le contrat de commission c'est-à-dire la convention par laquelle un commerçant expédie, consigne ou dépose des marchandises, soit pour la vente, soit pour obtenir du commissionnaire des prêts, avances ou paiements est un contrat qui présente en beaucoup de cas avec le nantissement la plus grande analogie. La question présente cependant un grand intérêt : le prêteur ne peut avoir de privilége si le gage ne lui a été formellement consenti par le débiteur, le fait de la remise de la chose donnée en gage ne suffirait pas ; il faut de plus une convention, convention dont l'art. 92 a simplifié la preuve puisqu'il autorise tous les moyens de preuve énumérés dans l'art. 109 C. C°, c'est-à-dire la preuve testimoniale, la production des registres, etc. Mais encore faut-il qu'elle soit établie. La situation du commissionnaire est tout autre : l'art. 95 déclare, en effet, que ses avances, frais et salaires seront garantis par les marchandises consignées, le privilége est tacite, c'est en quelque sorte l'accessoire du contrat primitif.

Le privilége appartient à tout commissionnaire, c'est-à-dire à tout commissionnaire de profession ou à tout commerçant qui aurait accompli un mandat commercial. Peu importe, au contraire, que le commettant soit ou non commerçant; l'essentiel est qu'il ait fait acte de commerce.

Le système de la jurisprudence est tout autre. Ce système, qui interprète l'art. 95 C. C° d'une façon très-large, admet le privilége par cela seul qu'il y a eu avances de fonds sur consignation de marchandises (1).

Le commissionnaire vendeur a-t-il seul droit au privilége? On l'a soutenu. En effet, dit-on, la pensée et le texte de la loi refusent le privilége au commissionnaire acheteur: procurer au négociant des avances ou anticipations, lui donner du crédit sur ses marchandises, tel a été le but du législateur en établissant le privilége; or il est clair que le commissionnaire-acheteur ne pourrait invoquer les mêmes raisons. On est bien obligé de reconnaître que le texte de l'art. 95 est plus large et plus général que celui de l'ancien art. 93, mais on répond à cela que l'art. 95 suppose encore une consignation, un dépôt ou une expédition faite par le commettant ou commissionnaire, cela n'existera jamais pour le commissionnaire acheteur.

(1) Comparez sur cette question Delamarre et Lepoitvin. *Contrat de Commission*, T. II, n°ˢ 404-406. Massé. *Le Droit commercial dans ses rapports avec le Droit civil*, T. IV, n° 2830 et suiv. Dalloz. J. G. V° *Commissionnaire*, n°ˢ 130 et suiv.

Nancy, 14 décembre 1838. D. P. 39. 2. 2. Cass. 6 mai 1845. D. P. 45. 1. 231. Cass. 17 mai 1847. D. P. 47. 1. 161. Caen, 22 juillet 1845. D. P. 46. 2. 11. Cass. 13 janvier 1868. S. 1868. 1. 131. Cass. 14 juin 1877. *Journal du Palais*, 1877, p. 1083.

Nous ne saurions adopter ce système. Le privilége est-il utile au commissionnaire acheteur? On ne peut en douter. Le commettant peut refuser de prendre livraison des marchandises, le commissionnaire les vendra, mais si le commettant tombe en faillite avant que le commissionnaire ait pu intenter son action contre lui pour être payé de son salaire, les créanciers de la masse auraient droit à la totalité des sommes qui se trouvent entre les mains du commissionnaire, déduction faite toutefois des frais avancés par ce dernier, frais que sauvegardera le droit de rétention. Un tel résultat blesse l'équité, et nous l'admettrions à regret si la loi le formulait. Mais le Code ne distingue en aucune façon: tout commissionnaire a droit au privilége, et n'est-ce pas le cas d'appliquer ce vieil adage : « *Ubi lex non distinguit nec nos distinguere debemus* (1).

N° 2. — Sur quels biens porte le privilége.

Le privilége porte sur les marchandises expédiées au commissionnaire ou consignées entre ses mains sans qu'il y ait lieu de distinguer si le commissionnaire les tient du com-

---

(1) Paris 28 avril 1876, D. P., 78. 5. 112.
Attendu, dit l'arrêt, que les termes généraux dans lesquels est conçu l'art. 95 C. C° ne permettent pas de distinguer entre les cas où la commission est de vendre et celui où elle est d'acheter;
Que ce privilège doit d'autant moins être refusé à celui qui a reçu commission d'acheter, qu'ayant plus d'avances à faire, il a droit à plus de garanties, etc.
Bravard et Demangeat. *Traité de droit commercial*, T. II, p. 280.
Sec. Boistel. *Cours de droit commercial*, n° 535.

mettant lui-même ou d'un autre commissionnaire; c'est plus
à la chose qu'à la personne que l'on prête. L'art. 95 ajoute :
« Si les marchandises ont été vendues ou livrées pour le
compte du commettant, le commissionnaire se rembourse
sur le prix de la vente du montant de sa créance, par préférence aux créanciers du commettant. » C'est là une dérogation aux règles du contrat de gage ; le créancier a perdu la
possession de la chose ; en droit strict, son privilége devait
également disparaître. L'art. 96 décide le contraire, et cela
par un motif d'équité et une raison d'utilité pratique qu'il est
facile de comprendre : si le privilége avait dû s'évanouir avec
la chose, il est clair que le commissionnaire n'aurait jamais
consenti à s'en dessaisir avant d'être payé, ce qui, en bien
des cas, aurait nui aux intérêts du commettant.

La rédaction du 4e alinéa de l'art. 95 paraît tellement
limpide qu'il semble bien qu'aucune controverse ne puisse
s'élever sur la disposition qu'il contient. On a cependant sou-
levé une difficulté et l'on a prétendu que le privilége était
bien maintenu sur le prix après la vente, au profit du commissionnaire qui aurait traité en son nom personnel, mais
qu'il était perdu pour celui qui aurait vendu au nom de son
commettant (1). Nous ne comprenons pas cette différence,
elle n'est pas édictée, elle n'est pas même indiquée par le
texte.

Le commissionnaire qui traite au nom du commettant,
dit-on, n'a jamais été nanti du prix; c'est l'acheteur qui est

(1) Bédarride. Op. cit. Appendice, p. 546.

immédiatement constitué seul débiteur du vendeur, c'est-à-
dire du commettant. Soit, mais le résultat n'est-il pas absolument le même si le commissionnaire traite en son nom
personnel. Dans les deux cas, ainsi que nous l'avons expli-
qué plus haut, la propriété ne réside jamais, en réalité, sur
la tête du commissionnaire ; pourquoi celui qui traite en
nommant son commettant serait-il moins protégé que celui
qui agit en son nom persoonel ? Et d'ailleurs le texte de l'article 95 ne distingue pas : il parle du commissionnaire en
général ; l'exception qu'en voudrait introduire dans la loi n'a
donc pas de raison d'être.

Mais si la loi ne porte pas d'exception, il est bien certain
que les parties peuvent, par leurs conventions, déroger à son
prescrit, l'exception peut même résulter nécessairement des
circonstances. Le commissionnaire a traité, par exemple, au
nom de son commettant, avec un négociant qui était déjà
créancier du commettant pour une somme égale au prix de
la vente : il est bien certain que le commissionnaire ne
pourra prétendre exercer aucun privilège sur le prix, la compensation s'opère, et le commissionnaire dont la créance
n'existe pas, en définitive, pour le tiers contractant ne saurait
invoquer contre ce dernier un droit qui n'existe que contre le
commettant.

N° 3. — Créances que le privilége garantit.

Les créances garanties sont les prêts, avances et paiements, tant en principal qu'en intérêts, faits par le commissionnaire, soit avant la réception des marchandises, soit pen-

dant le temps qu'elles sont en sa possession, et enfin les droits de commission qui représentent un service rendu à la masse.

A quel moment ces frais et avances doivent-il avoir été faits pour être privilégiés ? Le Code de commerce de 1807 ne le disait pas ; de là des difficultés pratiques que la jurisprudence avait résolues en ce sens que les avances avaient dû être faites après la mise en possession (1). L'expédition et le dépôt des marchandises devaient être considérés, disait-on, comme la cause déterminante du privilége.

Cette spécialisation n'entre cependant pas dans l'intention des parties, aussi le législateur de 1863 en a-t-il disposé autrement. C'est qu'en effet, entre le commettant et le commissionnaire, il existe très-souvent un mouvement d'avances proportionné à l'ensemble des marchandises envoyées, diminué successivement des ventes réalisées, augmenté des avances nouvelles, sans qu'une avance s'applique jamais à un envoi déterminé. Il faut, pour que le commissionnaire procède avec sécurité, que la marchandise envoyée aujourd'hui puisse couvrir le solde des avances faites hier. S'il en était autrement, le commerce de commission tel qu'il se pratique au grand avantage de l'industrie et du commerce deviendrait impossible. Le commissionnaire devrait procéder par opérations séparées, attendre pour faire des avances qu'il fût nanti de nouvelles expéditions, les affaires en souffriraient

(1) Grenoble, 13 avril 848. D. P. 49. 2. 102. — Bédarride. *Op. cit.*, nᵒˢ 171 et suiv.

un grand retard (1). Aussi a-t-on pu décider, par application de ces principes que le commissionnaire en compte-courant avec son commettant a un privilége pour le solde de ce compte-courant sur les marchandises à lui expédiées par le commettant. Une semblable interprétation eût fait difficulté avant 1863.

Quant au mot avances il est générique. On ne doit pas l'entendre seulement des sommes d'argent fournies par le commissionnaire au commettant, mais de toutes avances en numéraire ou en nature. Dès avant 1863, on décidait que cette expression comprenait aussi bien les marchandises expédiées par le commissionnaire au commettant que les mandats acquittés, les crédits ouverts, les sommes payées pour frêt, droits de douane, loyers de magasins, salaires des commis, etc. (2).

N° 4. — Conditions d'existence du privilége.

Le privilége du commissionnaire était soumis avant la loi de 1863 à des conditions très-sévères édictées par les art. 93 et 95 C. C° ; les marchandises devaient être expédiées de place en place (3), et le commettant ne devait pas habiter la même localité que le commissionnaire, enfin la consignation et la remise de possession devaient être antérieures aux avances.

---

(1) Cass. 26 novembre 1872. D. P. 72. 1. 436.

(2) Cass. 23 juin 1830. Dalloz, J. G., V° *Commissionnaire*, n° 136. Alger, 27 mai 1872, D. P. 73. 2. 409.

(3) En ce sens, Code italien, art. 73 et 76.

La majorité des auteurs et quelques cours d'appel objectaient, il est vrai, que le gage peut être postérieur aux créances garanties, mais la cour de cassation maintenait sa jurisprudence : « Les priviléges, disait-elle, ne peuvent être reconnus que s'ils résultent clairement de la loi, ils sont donc subordonnés à l'accomplissement des conditions qu'exige la disposition qui les crée ; or, à cet égard, l'art. 93 est formel » (1). Il résultait de là que le commissionnaire, habitant la même localité que le commettant, n'avait pas de privilége s'il ne se conformait pas aux règles gênantes de la constitution du gage civil.

La loi des 23-29 mai 1863 a fait disparaître ces inégalités. C'est qu'en effet, il n'est pas vrai, ainsi que le disait le discours préliminaire du Code de commerce, que le commissionnaire soit inutile quand le propriétaire des marchandises peut les vendre sur place ; c'est dans tous les cas que le producteur et le fabricant ont intérêt à consigner leurs produits, puisque c'est un moyen pour eux de se réserver tout entiers aux soins qu'exige leur fabrication (2).

La condition essentielle pour l'existence du privilège est encre aujourd'hui la possession des marchandises. Il faut, en second lieu, qu'au moment où cette remise de possession a eu lieu, le commettant ait eu la capacité de disposer de la chose.

1re CONDITION. — En ce qui concerne la possession, l'art.

---

(1) Cass. 18 mars 1845, 14 mars 1855. Bédarride, *Op. cit.*, n° 182.

(2) *Exposé des motifs de la loi de* 1863.

92 beaucoup plus large que l'ancien art. 93 déclare que le commissionnaire créancier « est réputé avoir les marchandises en sa possession, lorsqu'elles sont à sa disposition dans ses magasins ou navires, à la douane ou dans un dépôt public, ou si avant qu'elles soient arrivées il en est saisi par un connaissement ou une lettre de voiture. » Cette énonciation n'a d'ailleurs rien de limitatif, il suffit que les marchandises soient à sa disposition. Si les marchandises sont en cours de voyage, la remise du connaissement ou de la lettre de voiture équivaudra à la possession, puisque le porteur de cet acte peut seul exiger la délivrance.

Mais ici se présente une difficulté : il peut arriver que l'expédition n'ait pas été faite au nom du commissionnaire et que cependant le commettant veuille obtenir de lui certaines avances, pendant que la marchandise est en cours de voyage, comment devra s'opérer la remise du connaissement ? Si ce connaissement est au porteur, pas de difficulté, le fait de la remise suffira, puisque les marchandises sont réputées expédiées à celui qui le représente.

S'il est à personne dénommée, il est certain qu'une cession régulière sera nécessaire et devra être signifiée au détenteur de la marchandise comme toute cession de créance. S'il est à ordre, l'endossement suffira, mais toutes les règles relatives à l'endossement des effets de commerce sont-elles ici applicables et doit-on exiger que l'endossement du connaissement soit daté, qu'il énonce le nom de celui à qui on le transporte et surtout qu'il exprime la valeur fournie (1) ?

(1) Art. 137, C. Cº.

Il est certain, tout d'abord, que la mention de la date et du nom sont essentielles, mais en est-il de même de la mention de la cause de l'obligation ? La cour de cassation a maintes fois consacré l'affirmative : l'endossement qui ne remplit pas toutes les conditions énumérées par l'art. 137 C. C° n'opère pas le transport ; aux termes de l'art. 138 il n'est qu'une procuration. Dès lors, si le commissionnaire qui a reçu l'endossement irrégulier n'est qu'un mandataire, il peut être révoqué par le commettant et par les créanciers de ce dernier, qui peuvent ainsi faire disparaître le gage (1). La difficulté est aujourd'hui la même qu'avant 1863.

Si cette jurisprudence est exacte, l'art. 92 nous semble un non-sens et la remise de la possession au moyen du connaissement absolument irréalisable, si ce connaissement est à ordre.

L'endossement doit contenir la mention de la valeur fournie ! mais on ne sait pas encore quelle sera cette valeur, puisque l'envoi peut être fait avant toutes avances : « Objectera-t-on que l'endosseur peut dire *valeur reçue en avances?* Mais cet endosseur consignant qui est à Pondichéry, commettrait un faux en écritures de commerce s'il disait avoir reçu les 100,000 fr. qu'il demande et dont, peut-être, il ne conviendra pas à son commissionnaire de lui faire l'avance. Ecrirait-il *valeur à recevoir en des avances demandées ?* Mais l'art. 137 C. C° ne parle pas d'une valeur à fournir, mais d'une valeur fournie (2). »

(1) Cass. 1es janvier 1843. S. V. 43. 1. 185 ; 25 juillet 1849. S. V. 52. 1. 612 ; 30 janvier 1850. S. V. 50. 1. 241.

(2) Alauzet. *Droit commercial,* T. I.

L'opinion contraire soutenue par un grand nombre d'arrêts de Cours d'appel et par la majorité des auteurs nous semble préférable. L'irrégularité de l'endossement empêchera le commissionnaire de devenir propriétaire ! Peu importe : le commissionnaire n'a jamais élevé de prétention à la propriété des marchandises, c'est une garantie qui lui est donnée et non pas une vente qui lui est consentie ; il ne peut donc être question du prix du transport. Mais, ajoute-t-on, le commissionnaire nanti en vertu d'un connaissement irrégulier, pourra être révoqué puisqu'il est simple mandataire et dès lors son gage s'évanouit (1).

C'est là une erreur. S'il est vrai qu'en principe le mandat soit toujours révocable, ce principe subit exception quand le mandat intervient, non pas seulement dans l'intérêt unique du mandant, mais aussi dans l'intérêt du mandataire, or il est évident que dans notre hypothèse le mandat est donné dans l'intérêt du commissionnaire, qui trouvera dans la possession des marchandises une garantie efficace pour la protection de ses droits.

Le droit exclusif du commissionnaire à la possession des marchandises, droit qui résulte du connaissement irrégulier, ne peut donc être contesté par le débiteur commettant ; il ne peut l'être davantage par les tiers. Lorsque la marchandise est entrée dans les mains d'un consignataire qui a fait des avances et qui est, sans contredit, le mandataire du propriétaire de la marchandise, soit pour la conserver, soit pour la vendre, il n'est pas douteux que les tiers ne seraient

(1) Art. 138, C. Co.

pas recevables à prétendre que le consignataire n'est autre
chose qu'un mandataire ou un dépositaire : les avances qu'il
a faites ajoutent une qualité nouvelle à celles qu'il avait déjà
et ces qualités sont inséparables pour les tiers comme pour
le débiteur. De même, lorsque le commissionnaire, au lieu
de détenir matériellement les marchandises dans ses magasins, constate l'expédition qui lui en est faite par un connaissement qui le constitue mandataire, les avances dont il
justifie lui donnent des droits parallèles aux obligations qu'il
a à remplir et les tiers ne peuvent pas plus que le débiteur
contester l'irrévocabilité du mandat.

Une dernière considération nous semble encore militer
en faveur du système que nous avons adopté. Si au lieu
d'endosser le connaissement au nom du commissionnaire le
commettant lui avait adressé directement la marchandise, il
n'eût pas été nécessaire d'indiquer sur le connaissement la
mention de la valeur fournie, puisque l'art. 281 C. C° qui
énumère les énonciations que doit contenir le connaissement ne l'exige pas ; on ne comprendrait pas, dès lors,
pourquoi cette mention deviendrait nécessaire, par ce fait
que les marchandises en cours de voyage changent de destination sur l'ordre de celui qui a ordonné la première expédition.

La Cour de Douai, dans un arrêt très fortement motivé
du 5 janvier 1844, a très nettement établi la différence qui
doit exister au point de vue qui nous occupe entre l'endossement d'une lettre de change et celui d'un connaissement.

« Attendu, dit l'arrêt, qu'un endossement n'est autre

chose qu'un écrit destiné à constater le contrat intervenu entre l'endosseur et le preneur ; que si le contrat est translatif de propriété comme il arrive le plus souvent en matière de lettre de change, billet à ordre, contrats à la grosse, l'endossement doit énoncer la valeur fournie par le cessionnaire au cédant ; mais que, par la nature des choses, il en est autrement si la propriété restant à l'endosseur n'est pas transmise au preneur ; que la loi elle-même consacre ce principe par l'art. 138 C. C° qui n'annule pas l'endossement ne renfermant pas toutes les énonciations de l'article précédent, mais qui lui imprime seulement le caractère de procuration.

Attendu que la transmission d'un connaissement par un commettant à son commissionnaire dans le cas des art. 91 et suivants du Code de commerce, cet endossement n'étant qu'un mandat, ne doit pas, pour être valable, exprimer la valeur fournie ; que la nature de la convention est même exclusive de la possibilité d'une telle mention ; que l'expression de la valeur fournie ferait dégénérer en un autre contrat la convention réellement intervenue entre les parties ; que le commettant peut et doit d'autant moins exprimer une telle valeur, que l'endossement a lieu le plus souvent hors la présence du commissionnaire, même à son insu, à l'occasion d'un contrat qui ne reçoit sa perfection que postérieurement et par l'acceptation du commissionnaire..... » (1).

(1) Douai, 5 janvier 1844. Devilleneuve, 44. 2. 257 ; Rouen, 9 décembre 1847 ; Dev. 48. 2. 201.
Alauzet, T. I, n° 438 et suiv. ; Bédarride. Op. cit., n°s 202 et suiv.
La cour de cassation semble incliner vers ce système depuis un arrêt du 7 août 1867. D. P. 67. 1. 327. S'il est vrai, dit cet arrêt que

Ce que nous avons dit du connaissement s'applique entièrement à la lettre de voiture. Ici encore la forme de l'acte importe peu si cet acte contient toutes les énonciations exigées
pour la lettre de voiture, la cour de cassation l'a maintes fois
décidé ; mais la lettre de voiture peut-elle être remplacée par
un simple récépissé ? On sait, en effet, que les compagnies de
chemins de fer délivrent, à la place des lettres de voiture,
un double récépissé : l'un est remis à l'expéditeur, l'autre
au destinataire avec la marchandise. L'envoi que l'expéditeur commettant ferait au destinataire commissionnaire du
récépissé qu'il a retiré suffirait-il pour donner à ce dernier,
privilége sur les ¦marchandises en cours de voyage. Nous le
pensons.

Nous avons vu, en effet, que le privilége existe si le
commissionnaire qui prétend l'exercer a la possession des
marchandises ; peu importe d'ailleurs qu'il possède par lui-
même ou par un tiers, il suffit que seul il ait le droit de
disposer de la chose. Dès lors la difficulté se concentre sur
le point de savoir si l'envoi du récépissé produit cet effet et
si le commettant perd ainsi le droit de se faire remettre les
marchandises qu'il a expédiées. A vrai dire, le contrat de
transport s'est formé entre l'expéditeur et la compagnie en

l'endossement d'un connaissement à ordre ne vaut que comme procuration lorsqu'il ne contient pas toutes les mentions exigées par
l'art. 137 C. Cº ; il est également certain que le connaissement irrégulier peut toujours prouver, à l'encontre de son endosseur direct,
qu'il a fourni la valeur du titre à l'effet d'en tirer la conséquence que,
nonobstant l'irrégularité de l'endossement, la propriété de ce titre
lui est acquise.

dehors du commissionnaire destinataire, mais c'est pour ce dernier que l'expéditeur a stipulé, c'est dans son intérêt que le contrat a été passé. Et l'on n'a pas violé ainsi l'art. 1121 C. C. qui défend les stipulations pour autrui puisque l'expéditeur, lui aussi, a un réel intérêt à ce que la marchandise parvienne en bon état entre les mains du commissionnaire. La compagnie est donc liée au vis-à-vis de ce destinataire, s'il a accepté le rôle qu'on lui réservait dans le contrat, et son accptation résultera précisément de ce fait qu'il aura entre les mains le récépissé de l'expédition. C'est pourquoi la cour de cassation a jugé conformément à ces principes, en décidant que la compagnie doit réclamer le récépissé au destinataire ou avoir son agrément pour remettre la marchandise à l'expéditeur (1).

L'acquisition du privilége est soumise à la mise en possession de la chose, son maintien est subordonné à la con-servation de ces mêmes marchandises. Il résulte de là que le commissionnaire perd son privilége s'il réexpédie au com-mettant, avant de s'être remboursé de ses avances, les mar-chandises qu'il a reçues en consignation. Toutefois, si les marchandises voyageaient non pas au nom du commettant mais au nom du commissionnnaire, dont le nom seul serait porté sur le connaissement ou la lettre de voiture, la posses-sion ne serait perdue pour lui que le jour où elles entreraient dans les magasins du commettant et, par conséquent, son privilége subsisterait pendant tout le cours du voyage (2).

(1) Cass., 9 décembre 1873, D. P. 74. 1. 55. Le Jolis. *Du mandat et de la commission*, n° 634. — Sec. Massé, T. IV, n° 2885.

(2) Massé. *Op. cit.*, n° 2886.

14

2° CONDITION. — La remise de la possession doit être faite en second lieu, par une personne capable de disposer des marchandises.

Nous n'insisterons pas sur la capacité de droit commun ; nous en avons posé les règles au début de cette étude. Ces mêmes règles sont ici pleinement applicables, mais en quoi cette capacité se trouvera-t-elle modifiée par la faillite.

L'art. 446 C. C° pose la règle à cet égard en déclarant nuls et sans effet relativement à la masse lorsqu'ils auront été faits par le débiteur « depuis l'époque déterminée par le tribunal comme étant celle de la cessation de ses paiements, ou dans les dix jours qui l'auront précédée.... tous droits de nantisssement constitués sur les biens du débiteur pour dettes antérieurement contractées.

Si le gage constitué a pour objet une dette contractée depuis la cessation des paiements sous la condition qu'elle sera garantie par un nantissement, il semble bien que le gage soit valable ; l'art. 447 C. C° en laissant au failli l'administration de ses biens lui donne implicitement le pouvoir de faire tous les actes utiles à son commerce ; par conséquent le commissionnaire à qui ce gage aura été remis pourra prétendre exercer sur lui son privilége (1).

Mais que faut-il décider si le gage a été promis, si le contrat est intervenu, avant les dix jours qui précèdent la faillite, la chose promise peut-elle encore être utilement livrée au créancier, commissionnaire, dans notre hypothèse, après la cessation des paiements ? Nous ne le pensons pas. On ob-

(1 Massé. *Op cit.*, T. IV, n° 2810 et 2887,

jecte, il est vrai, que la convention est antérieure à la fallite et qu'ainsi le gage a été consenti à une époque où le commettant était pleinement capable.

Quant à la remise des marchandises, c'est une chose indifférente par elle-même, elle ne constitue en réalité que l'exécution d'un contrat valable.

C'est là véritablement faire trop bon marché des textes : l'art. 2076 C. C. porte en effet que la condition *essentielle* de l'existence du gage est la remise de la possession, les articles 92 et suivants du Code de commerce subordonnent encore l'existence du gage commercial à cette même condition ; quel serait dès lors le sens de ces articles si l'on pouvait impunément méconnaître leurs dispositions ? « Le privilége du gagiste, dit M. Massé (et le privilége du commissionnaire repose, lui aussi, sur le gage), n'est acquis que par la tradition ; il ne suffit pas, pour qu'il soit acquis, qu'un gage ait été promis ou stipulé, puisque la tradition est de l'essence du gage ; et dès lors ce privilége se trouve atteint par la disposition finale de l'article 446 (1). »

Il suffit, d'ailleurs, que le commettant soit capable au moment où il expédie la marchandise, peu importe qu'il le soit au moment où le commissionnaire la reçoit. De même, le connaissement ou la lettre de voiture adressés au commissionnaire par le commettant capable, mais parvenus après la faillite, suffiraient à opérer la tradition nécessaire à la constitution du gage (2).

(1) Massé. *Op. cit.* T. IV n° 2887.
(2) Troplong. *Du Nantissement*, n° 348.

N° 5. — RANG DU PRIVILÉGE.

La faillite du commettant peut mettre le commissionnaire en présence d'autres créanciers privilégiés et, aussi, du vendeur de la marchandise non payée. Quelle sera sa situation ?

Le privilége du commissionnaire est un privilége spécial, il sera préféré aux priviléges généraux de l'art. 2102 C. C. Cela résulte de l'art. 546 du Code de commerce. Cet article, en décidant que les créanciers munis d'un gage ne seront inscrits que pour mémoire dans la masse de la faillite, montre bien qu'il n'est pas de créance préférable à celle du commissionnaire.

Certains priviléges primeront cependant celui du commissionnaire ; ce sont ceux qui s'adressent en quelque sorte plus à la chose qu'à la personne. La créance du voiturier est de ce nombre, peu importe à qui la chose appartienne, le fait du transport a donné naissance à une obligation garantie par un privilége, c'est à cette chose que le créancier en demandera l'exécution.

Les frais de justice faits pour l'utilité de la créance du commissionnaire, le privilége de la douane (1), celui des gens de service pour le travail effectué postérieurement à la consignation, primeront encore la créance du commissionnaire.

---

(1) Loi du 6 août 1791, T. XIII art. 22. Loi du 4 germinal an II. T. VI art. 4.

Si le commissionnaire est en concours avec le vendeur non payé, il devra l'emporter sur ce dernier. L'art. 2102 C. C. accorde, il est vrai, au vendeur non payé un privilége spécial sur ces objets, mais l'art. 550 du Code de commerce (modifié par la loi du 12 février 1872), décide que ce privilége ne pourra pas être exercé contre la faillite. Le commissionnaire qui a reçu les marchandises est donc à l'abri de toute revendication (1).

(1) Delamarre et Lepoitvin. *Contrat de Commission*, T II n° 412. Le Jolis. *Du Mandat et de la Commission*, n° 639.

CHAPITRE VI

SITUATION DES TIERS CONTRACTANTS

S'il est vrai qu'à l'égard du commettant le commissionnaire n'agit pas pour son compte, et qu'ainsi les conséquences des actes qu'il a régulièrement passés ne le frappent
jamais, il n'en est pas de même à l'égard des tiers. Le commissionnaire peut agir, soit en nom personnel, soit au nom
du commettant ; c'est surtout au point de vue qui nous
occupe maintenant que cette distinction est importante.

§ 1. — *Situation des tiers contractants quand le commissionnaire a agi en son nom personnel.*

Le commissionnaire qui agit en son nom s'oblige seul ;
c'est sur sa foi que les tiers ont contracté, il ne peut donc
y avoir d'action directe ni de la part du commettant contre
les tiers ni de la part des tiers contre le commettant. L'action oblique de l'art. 1166 serait seule permise (1).

Il a été jugé en ce sens que le tiers n'a pas d'action

(1) Dalloz J. G. Vº *Commissionnaires,* nº 35 ; Savary : *le Parfait
négociant,* T. I p. 566. Pardessus T. II nº 563.
Cass. 4 novembre 1863. D. P. 64. 1. 35.

contre le commettant, alors même qu'il est notoire que le commissionnaire n'a agi que sur son ordre (1) et que réciproquement le commettant est sans action contre le tiers, alors même que le commissionnaire ne se serait pas conformé aux instructions de son mandat et que par exemple, il aurait engagé à son profit personnel les marchandises à lui expédiées pour être vendues, si d'ailleurs les tiers sont de bonne foi et peuvent dès lors invoquer la maxime : en fait de meubles possession vaut titre. Et les tiers sont de bonne foi quoiqu'ils sachent que les marchandises à eux engagées n'appartiennent pas au commissionnaire, s'ils ont pu croire qu'en les engageant il agissait pour le compte et dans l'intérêt de son commettant (2).

Le commissionnaire ne pourrait, en faisant connaître son mandant après coup, imposer aux tiers l'obligation de le reconnaître pour leur débiteur. Le tiers a eu confiance dans la solvabilité du commissionnaire, c'est avec lui seul qu'il a traité, on ne peut sans son consentement modifier l'obligation, c'est là un principe indiscutable : « les conventions ne peuvent être révoquées que du consentement mutuel des parties (3). »

(1) Rouen, 12 avril 1826. Dalloz, J. G. Vº *Commissionnaire* nº 41.

(2) Cass. 20 juillet 1871. D. P. 71. 1. 232 ; La Guadeloupe, 1er juillet 1872. D. P. 74. 2. 95.

(3) Art. 1134 C. C.
Casaregis, Disc. 140, nº 26.
En ce sens, Code hollandais, art. 77 et 78 ; Code portugais, art. 42 et 43 ; Code espagnol, art 118 et 119 ; Code allemand, art. 368. En Angleterre et aux Etats-Unis, au contraire, on examine quelle personne le tiers avait en vue en contractant. Story, *Op. cit.*, § 446.

De ce principe il résulte que le tiers peut opposer la compensation de ce qu'il doit au commissionnaire et de ce que le commissionnaire lui doit personnellement ; et de même le commissionnaire peut encore prétendre que la compensation peut également s'opérer à l'égard des dettes qu'il a contractées envers ce tiers pour le compte du commettant, puisque ces dernières dettes sont réputées personnelles au commissionnaire. La compensation s'opérera donc de plein droit aux termes de l'art. 1290 du Code civil.

MM. Delamarre et Lepoitvin sont cependant d'un avis contraire et décident que, dans le cas de faillite du commissionnaire, la compensation n'a lieu relativement au commettant que lorsqu'il est intervenu entre le commissionnaire et le tiers un acte qui suppose la volonté de compenser. Ce système s'appuie sur l'art. 575 C. C° qui accorde au commettant, ainsi que nous l'avons vu, la revendicaton du prix des marchandises consignées, lorsque ce prix n'aura été ni payé ni réglé en valeur, ni *compensé en compte-courant* entre le failli et l'acheteur. Est-ce à dire que la compensation ne puisse s'opérer que dans le compte-courant ? Evidemment non : les auteurs qui enseignent cette doctrine sont les premiers à le reconnaître puisqu'ils ajoutent que l'art. 575 n'est pas limitatif, et qu'une chose suffit : c'est que la compensation soit faite de bonne foi et dans un temps opportun. Or tel est bien le caractère de la compensation légale : si les deux dettes ont pu concourir, à raison de leur date, elles se sont éteintes mutuellement. L'art. 575 n'a donc visé que le *id quod plerumque fit* et n'a pas eu pour but de remplacer la compensation légale qui s'opère de plein droit par une compensation *sui generis* qui exigerait pour se réaliser une manifestation de volonté spéciale, compensation qui serait particulière au droit commercial et qui dérogerait si manifestement aux principes du droit civil.

§ 2. — *Situation des tiers lorsque le commissionnaire a agi au nom du commettant.*

Lorsque le commissionnaire nomme son commettant, le contrat se forme directement entre ce dernier et les tiers ; ils deviennent réciproquement obligés l'un de l'autre (1). Le mandant est tenu, dit l'art. 1998, d'exécuter les engagements contractés par le mandataire, conformément au pouvoir qui lui a été donné. Les principes sont certains et écrits dans la loi, il ne peut y avoir de doute à cet égard (2).

Mais le commettant ne serait pas obligé si le commissionnaire dépassait la limite des pouvoirs qui lui ont été accordés et s'il agissait contrairement aux instructions qu'il a reçues. Cela résulte encore de l'art. 1998 : le mandant n'est tenu de ce qui a été fait au-delà du mandat qu'autant qu'il l'a ratifié expressément ou tacitement. Cette ratification donnée par le commettant ne doit pas être confondue avec la confirmation. « Celui qui confirme doit connaître le vice et avoir l'intention de réparer ce vice en renonçant au droit qu'il a d'en demander la nullité. Il en est de même de celui qui ra-

(1) Pothier. *Du mandat*, n° 87.
(2) Laurent. *Droit civil français*, XXVIII, n° 24.

tifie sauf qu'il ne s'agit pas de couvrir un vice, il n'y en a pas, ni de renoncer à une action en nullité qui n'existe point; toujours est-il que le mandant doit savoir que le mandataire a dépassé ses pouvoirs et en quoi il les a dépassés et il faut que son intention soit d'approuver ce qui a été fait au-delà (1). Ces observations faites au sujet du mandat sont entièrement applicables à la commission. Le commettant qui ratifie donne en réalité un nouveau consentement à une opération autre que celle qu'il avait commandée; les formes de l'art. 1338 du Code civil ne seront donc pas applicables (2).

La représentation est parfaite si l'agent ne dépasse pas les limites de ses pouvoirs : le fait du commissionnaire est le fait du commettant. Mais ce principe doit-il s'appliquer aux fautes que le commissionnaire commet dans l'exécution de l'ordre ? Il semble tout d'abord que la négative doive être admise, car si le commettant est tenu à raison des engagements du commissionnaire, c'est en vertu d'un consentement tacite et l'on ne peut admettre que ce même commettant ait pu donner pouvoir de manquer aux engagements ou de pratiquer des manœuvres dolosives : la fraude ne se présume pas !

Cela est exact; mais il est un principe également certain que formule l'art. 1384 du Code civil : « On est responsable non-seulement du dommage que l'on cause par son propre fait mais encore de celui qui est causé par le fait des

(1) Laurent. *Op. cit.* T. XXVIII, n° 44.

(2) Laurent. *Op. cit.* T. XXVIII, n° 64 et suivants.

personnes dont on doit répondre ou des choses que l'on a sous sa garde..... Les maitres et les commettants (sont responsables) du dommage causé par leurs domestiques et préposés dans les fonctions auxquelles ils les ont employés... » Le commettant a été trompé dans son choix, le commissionnaire a trahi sa confiance, tout cela est possible; mais les tiers ont contracté en considération de la personne du commettant avec la personne qu'il avait désignée pour le représenter, il est donc certain qu'ils ne sont pas en faute et que, par conséquent, ils ne doivent pas supporter les conséquences de la faute de ce commissionnaire (1).

Si le commissionnaire n'a pas donné aux tiers avec lesquels il contracte une suffisante connaissance de ses pouvoirs, il résulte de l'art. 1997 C. C. qu'il sera tenu personnellement. Et cela est logique : ne traitant pas pour son commettant, le commissionnaire a nécessairement traité pour lui, il ne pourrait prétendre le contraire qu'en invoquant la faute qu'il a commise, l'erreur dans laquelle il a induit les tiers; or cela n'est pas possible : *Nemo auditur propriam turpitudinem allegans.* Mais si le tiers qui a traité savait que le commissionnaire dépassait ses pouvoirs, aura-t-il encore action contre lui? Non certainement, car en agissant ainsi le tiers ne pouvait espérer qu'une chose : la ratification du

(1) Cass. 14 juin 1847. D. P. 47. 1. 332.

Il a été jugé, dans le même sens, en Angleterre, que le *principal* est tenu non-seulement des négligences, mais aussi des fraudes délibérées commises par l'*agent* dans l'exercice de son emploi, quoique sans l'autorisation du *principal*. — Colfavru. *Droit commercial comparé de la France et de l'Angleterre,* p. 187.

commettant ; si elle fait défaut, le contrat est résolu rétroactivement, il est censé n'avoir jamais existé.

Il peut arriver parfois que le commissionnaire qui a reçu l'ordre d'agir en son nom propre soit cependant tenu de nommer son commettant. Cela se présentera en matière d'assurances. Lorsque le commissionnaire qui a assuré l'a fait sans désignation de personnes, *pour le compte de qui il appartiendra*, comme cela a lieu dans la pratique commerciale, et que le sinistre s'est produit ; on ne saurait contester à l'assureur le droit d'exiger du porteur de la police la preuve qu'il a reçu en temps opportun du véritable intéressé, à qui devra être fait le paiement, l'ordre de contracter l'assurance.

Faut-il donc que le commettant ait donné au commissionnaire l'ordre d'assurer pour son compte, ou du moins, doit-il avoir ratifié l'assurance contractée, pour son compte, avant l'arrivée du sinistre ? Cela nous semble absolument nécessaire ; l'assurance contractée par le commissionnaire acquiert par rapport au véritable intéressé sa pleine et entière efficacité, soit à compter du moment où elle est contractée si la mise en risques des objets assurés s'est produite antérieurement, soit à compter de la mise en risques, si le chargement n'a eu lieu que postérieurement à la convention, et les choses se passent comme si l'assurance avait été contractée par le véritable intéressé ; mais il faut pour cela, de la part de cet intéressé, une manifestation de volonté ou une ratification qui intervienne dans un moment où l'assurance des marchandises soit encore possible. Cela est conforme aux principes généraux en matière de mandat, de commission et de gestion d'affaires.

Le commissionnaire, bien qu'agissant pour le compte *d'une personne à nommer* ou pour le compte *de qui il appartiendra*, ne perd cependant pas sa qualité de contractant. Personnellement obligé au paiement des primes, le commissionnaire répond de son dol et de sa fraude qui peuvent amener l'annulation de l'assurance et, par exemple, la connaissance qu'il aurait au moment de l'assurance de la perte des marchandises annulerait le contrat, car il a traité aussi bien en son nom personnel qu'au nom de son commettant (1). Quant à ce dernier il est également certain que toutes les conditions de validité du contrat doivent également se rencontrer dans sa personne. Le bénéfice du contrat se fixant définitivement en sa personne, par la déclaration de son nom qui est faite à l'assureur, l'assurance est présumée avoir été faite directement avec lui dès l'origine (2).

Nous avons supposé jusqu'ici deux situations absolument nettes : d'une part, celle du commissionnaire qui agit en son nom, d'autre part, celle du commissaire qui nomme son commettant ; les faits ne sont pas toujours aussi précis et l'affaire commencée sous un certain aspect par le com-

---

(1) Pardessus. *Droit commereial*, T. I, 784. Alauzet. *Commentaire du Code de Co*, T. V, n° 2171 (2ᵉ édition). Bédarride. *Achats et Ventes*, n° 1387. Dalloz. J. G. Vᵒ *Droit maritime*, n° 1816. Cass. 30 décembre 1879, D. P. 80. 1. 193.

(2) Le Jolis. *Op. cit.*, nᵒˢ 658 et suiv. Code allemand, art. 811.

missionnaire prend parfois, au cours des négociations une apparence tout autre qui modifie profondément les rapports des parties contractantes. Nous ne pouvons pas, on le comprend, entrer dans le détail de toutes ces situations à raison desquelles on ne peut, d'ailleurs, formuler aucun principe ; tout dépendra de l'intention des parties au moment du contrat. Il peut arriver que le commettant qui n'avait pas été nommé au début, intervienne au cours des opérations, que son intervention dégage la responsabilité du commissionnaire, ou ait pour résultat de donner au tiers deux obligés au lieu d'un, le juge aura dans toutes ces hypothèses un pouvoir d'appréciation absolu.

Ainsi il a été jugé conformément à ces principes que, lorsqu'il résulte d'une correspondance, entre le commettant et une tierce personne chargée de recevoir du premier des fonds pour payer des achats de vins faits pour lui par son commissionnaire, que ce dernier n'a pas agi en son nom personnel, et qu'au contraire, le commettant s'est constitué débiteur direct du vendeur des vins, on ne doit pas appliquer les règles du Code de Commerce relatives aux commissionnaires agissant en leur nom personnel, mais seulement celles établies par le Code civil pour le mandat. En conséquence, le commettant est tenu de payer au vendeur les achats faits par le commissionnaire encore qu'il ne redoive rien à ce dernier (1). De même si, après l'opération, le commettant qui n'y avait pas été nommé se fait connaître

_____

(1) Dalloz, J. G. Vᵒ *Commissionnaire*, nᵒ 45.

aux tiers, il est engagé directement sans que le commissionnaire soit déchargé, pour cela, de son obligation, à moins
qu'il ne résulte des circonstances que ce tiers a accepté le
commettant pour seul débiteur (1).

Enfin, un arrêt récent de la Cour de Douai tout à fait en
ce sens : Le commissionnaire qui, notoirement connu
comme représentant une maison de commerce étrangère,
traite avec un tiers en cette qualité, ne saurait être de la
part de ce tiers le terme d'une action relative à ce marché
alors surtout que le tiers a reçu facture au nom du commettant et accepté la traite tirée par ce dernier sur lui (2).

(1) Dalloz. J. G. V° *Commissionnaire*, n° 44.

(2) Douai, 13 août 1874. *Jurisprudence de la Cour de Douai*, année
74, p. 364.

CHAPITRE VII

FIN DU CONTRAT DE COMMISSION

La commission prend fin comme le mandat :

1° Par l'exécution de l'opération, ou les cas fortuits qui rendent l'exécution impossible ;

2° Par la mort du commettant ou du commissionnaire ;

3° Par la révocation du commettant ou la renonciation du commissionnaire ;

4° Par l'interdiction ou par un changement d'état produisant des effets similaires à l'interdiction, par la faillite ou la déconfiture de l'une ou de l'autre des deux parties.

La première et la quatrième des causes qui mettent fin au contrat de commission présentent peu de difficultés : la commission ayant pour objet l'exécution d'une certaine affaire cesse évidemment par la conclusion de cette affaire ; nous avons vu cependant que certaines obligations peuvent encore exister à la charge du commissionnaire après l'accomplissement de l'ordre, ces obligations se réfèrent aux suites nécessaires de l'opération (1). De même si le com-

(1) V. *Suprà*, ch. III.

mettant ou le commissionnaire perd la capacité de contracter et de faire des actes de commerce, la commission prend
fin car il se produit alors une altération grave dans la personne des parties qui ont contracté *intuitu personæ* (1).

La mort du commettant ou du commissionnaire met fin
à la commission; cependant si la cessation brusque des
agissements du commissionnaire était de nature à causer
aux héritiers du commettant un grave préjudice, le commissiounaire devrait continuer l'affaire. L'article 1991 C. C.
consacre ce principe d'équité.

En principe donc la mort du commettant met fin aux
pouvoirs du commissionnaire, elle ne produit, toutefois, cet
effet que si elle est connue du commissionnaire ; l'ignorance et la bonne foi de ce dernier le mettraient à l'abri de
tout reproche.

De même, si c'est le commissionnaire qui meurt, son
héritier doit en informer immédiatement le commettant,
attendre ses ordres, et si l'exécution était commencée, la
laisser au point où elle se trouve. Dans le cas où il y aurait
eu substitution, le substitué ne pourrait continuer à agir
que s'il peut être réputé le mandataire du commettant en
vertu de l'autorisation expresse ou tacite que celui-ci aurait donné au commissionnaire de le choisir : *Quod si man-
datarius secundum potestatem sibi commissam, alii rursus*

---

(1) La commission cesse également en Angleterre par les mêmes
causes que nous énumérons ; on décide cependant qu'en cas de ban-
queroute (ou faillite) du *principal*, les créanciers de ce dernier peuvent forcer l'agent à conserver ses pouvoirs, s'ils sont intéressés à la
conclusion de l'affaire.

15

idem negotium gerendum mandaverit, non primi mandatarii
sed primi mandantis morte extingui mandatum et finiri offi-
cium tradit. Faber. Cod. Lib. 2. Tit. 8. Defin. 24 (1).

Les parties peuvent d'ailleurs convenir que la mort ne
mettra pas fin à la commission et qu'elle continuera d'obliger leurs héritiers, mais c'est là une dérogation à la règle
générale qui demande à être formulée d'une manière précise (2).

Il convient d'assimiler à la mort du commettant ou du
commissionnaire la dissolution d'une société qui aurait
donné ou reçu l'ordre. La société étant dissoute, il ne subsiste qu'une communauté d'intérêts, avec un actif et un passif ; toutefois le liquidateur pourrait continuer les affaires
urgentes : *Quamvis nova negotia geri non possint, inde ta-*
men non efficitur ut non absolvenda non sint quæ erant
constante societate inchoata (3).

Le contrat peut d'ailleurs avoir été renouvelé tacitement
entre le commissionnaire et le successeur de la société dissoute avec des obligations réciproques et des conditions de

---

(1) Voët, Lib. 17. Tit. I, n° 15.

Le Code espagnol déclare la commission éteinte par la mort du
commissionnaire ; il la laisse, au contraire, subsister en cas de mort
du commettant (art. 144 et 145). Le Code allemand contient une disposition plus générale : La mort d'un commerçant n'annule pas les
offres *(Antrag)*, ordres *(Auftrag)*, ou mandats *(Vollmacht)* émanés de lui,
à moins qu'une intention contraire *(entgegengesetze Willensmeinung)*,
ne résulte de ses déclarations ou des circonstances.

(2) Cass. 22 mai 1860. D. P. 60. 1. 448.

(3) Casaregis, *Disc.* 128.

durée exprimées au précédent contrat duquel elles dé-
rivent (1).

Le commettant peut révoquer son mandat, le commissionnaire peut y renoncer ; le contrat de commission prend
fin par ce seul fait. C'est là une exception aux principes généraux en matière de convention. Il a fallu échange de
consentements pour créer le contrat ; ce contrat ne peut
prendre fin que par une volonté également réciproque. Le
contraire a été admis en matière de mandat (2004 C. C.),
car le mandant n'aliène ni à perpétuité ni même à temps
le plein exercice de ses droits, le mandat cesse quand il
lui plaît de notifier sa volonté (2).

Le commettant use donc de son droit lorsqu'il exerce
son droit de révocation ; il ne doit, en principe aucune indemnité : *Neminem lædit qui suo jure utitur*. Toutefois, les
parties pourraient en disposer autrement dans leur conventions et le commissionnaire pourrait stipuler le paiement
d'une certaine indemnité en cas de révocation injustifiée. La convention peut même être tacite (3).

Une Compagnie d'assurances, qui avait essayé inutile-
ment de se créer une clientèle en Alsace, fut assez heu-

(1) Cass. 25 mars 1873. D. P. 75. 1. 27.

(2) Berlier, *Exposé des motifs* ; Locré, T. VII, p. 375.

(3) Laurent, *Op. cit.* T. XXVIII, n° 98.

Un usage constant de la place de Bordeaux accorde au consignataire, auquel la consignation est retirée avant la vente, la moitié
de la commission qu'il aurait perçue en effectuant cette vente. (Tribunal de commerce de Bordeaux, 5 juin 1851. *Mémorial du Commerce*
1852. 2. 351.)

reuse pour trouver un agent intelligent et actif qui sut lui procurer des adhésions nombreuses. Sur les instances de la compagnie, l'agent consentit à être définitivement son commissionnaire aux conditions suivantes : il devait toucher 30 % sur les affaires nouvelles, 3 % sur l'encaissement des primes annuelles. L'agent fut révoqué. Pouvait-il réclamer une indemnité ? La cour de Colmar le décida affirmativement en se fondant principalement sur ce motif que : « si le mandant a, d'une manière absolue et incontestable, le droit de révoquer ses agents, l'exercice de ce droit qui peut se justifier quand il s'agit d'un employé coupable d'une grande négligence, ou de torts plus graves, n'est plus qu'une rupture dommmageable et abusive quand la révocation a lieu sans cause légitime. »

Cette décision fut maintenue par un arrêt de rejet du 8 avril 1857 (1) ; mais la cour de cassation base sa décision sur la convention tacite, intervenue entre la Compagnie et son agent, et non pas sur cette idée qu'une révocation injustifiée peut donner lieu à des dommages-intérêts, car il y aurait une évidente contradiction à dire que le droit de révocation est *absolu*, mais qu'il ne peut être exercé sans cause !

Ce droit de révocation cesse d'ailleurs d'être absolu lorsque l'ordre n'est pas donné dans l'intérêt exclusif du commettant, et que le mandataire ou un tiers est intéressé

_____

(1) D. P. 1858. 1. 134.

à son exécution (1), ou bien encore, lorsque la commission est la suite, la condition, une des clauses d'un contrat synallagmatique ; le mandat participe dans ce cas à l'irrévocabilité de la convention avec laquelle il forme un tout indivisible.

La révocation ne produit, d'ailleurs, ses effets que dans l'avenir, elle serait inopérante si elle intervenait après la conclusion de l'affaire ; dans tous les cas, le commissionnaire devrait être indemnisé des peines et soins qu'il a déjà consacrés à l'opération, à moins que la révocation ne fût précisément causée par son dol et par sa faute.

La révocation met fin au contrat de commission dès qu'elle est notifiée au commissionnaire, mais elle ne peut être opposée aux tiers qui ont traité dans l'ignorance de cette révocation (2005 C. C.) (2) : Il répugne, en effet, à l'équité qui est l'âme des relations commerciales que celui qui contracte, de bonne foi, avec un mandataire muni de pouvoirs réguliers, puisse être repoussé quand il veut agir contre le mandant sous le prétexte que le mandat aurait été accompli ou révoqué. Le mandat persiste pour les tiers de bonne foi tant que rien ne vient leur faire connaître qu'il a pris fin et le mandant doit alors supporter les suites de son imprudence ou de sa négligence (3).

(1) Cass. 6 janvier 1873. D. P. 73. 1. 116.

(2) Bordeaux, 2 juin 1869. D. P. 70. 2. 220. Cass., 23 mai 1870. D. P. 72. 5. 309.

(3) On décide en Angleterre que la révocation n'a d'effet, vis-à-vis des tiers, que si elle a reçu, par la voie de la presse, une publicité suffisante. — Colfavru, Op. cit., p. 187.

Le commissionnaire, de son côté, peut renoncer à la commission et notifier son refus au commettant, mais il faut que cette renonciation intervienne en temps opportun et ne soit pas de nature à nuire aux intérêts du commettant.

Mais le commissionnaire pourrait-il encore renoncer, dans l'hypothèse prévue par l'art. 2007, 2º alinéa, lorsque la renonciation devant préjudicier au commettant, la continuation du mandat doit apporter au commissionnaire un préjudice beaucoup plus considérable ? Nous ne le pensons pas ; car s'il est vrai qu'une disposition contraire eût été injuste en Droit civil où les services rendus sont surtout des services de pure obligeance, on ne voit plus ici les mêmes raisons de l'établir : le mandat commercial est salarié, l'industrie du commissionnaire est un véritable commerce ; on ne saurait permettre à un commissionnaire de se délier de ses engagements sous le prétexte que l'exécution conforme lui est devenue trop onéreuse.

« Par exemple, connaissant mon expérience et ma capacité en affaires, vous m'avez chargé de la liquidation et du partage d'une succession dont les intérêts sont fort compliqués ; mais, pendant que je m'en occupe, j'apprends qu'à l'île Bourbon il s'est aussi ouvert une hérédité qui exige ma présence, sans quoi je suis exposé à une perte considérable. Il est évident que, salarié ou non, je ne puis être tenu de sacrifier mes intérêts aux vôtres.

Supposez-moi maintenant consignataire d'un navire, et chargé par vous d'en former l'équipage et la cargaison, de

l'expédier, de faire les avances, etc. ; à qui paraîtra-il juste
que je puisse laisser là le navire et son armement pour aller
au loin soigner mes propres affaires sans égard à ma promesse et à l'immense préjudice que cet abandon vous
cause ? » (1).

L'inimitié, survenue entre les parties, n'autoriserait pas
la renonciation du commissionnaire ; car le contrat repose
surtout sur la confiance de chacune des parties dans la probité et la solvabilité de l'autre, cette confiance n'est pas nécessairement atteinte par l'inimitié.

Il en serait de même de la maladie. Généralement, en
effet, les maladies du chef de la maison n'empêchent pas une
maison de commerce de continuer ses opérations ; et le pouvoir, accordé au commissionnaire de se choisir un substitué,
atténue singulièrement la rigueur apparente de cette solution.

Nous craindrions d'ailleurs de poser en pareille matière
des règles trop précises et trop absolues ; les tribunaux apprécieront, suivant les faits et circonstances, si la cause de
renonciation invoquée par le commissionnaire revêt les caractères de la force majeure ou du cas fortuit, car le principe
posé dans l'art. 1148 C. C° est vrai dans le droit tout entier.
« Il n'y a lieu à aucun dommages-intérêts lorsque, par suite
d'une force majeure ou d'un cas fortuit le débiteur a été
empêché de faire ce à quoi il était obligé. »

(1) Delamarre et Lepoitvin. *Contrat de commission*, T. II, n° 46.

POSITIONS

DROIT ROMAIN

I. — La représentation ne fut jamais réalisée complètement en droit romain, et il n'y n'y a pas lieu de distinguer, à cet égard, entre les contrats solennels et les contrats non-solennels.

II. — La *litis contestatio* éteint l'action d'une manière complète et l'on ne pourrait plus agir *de peculio* contre le père après avoir agi au principal contre le fils.

III. — On peut agir par la *condictio certi* à raison de n'importe quel contrat pour réclamer une somme d'argent.

IV. — Les risques de la chose vendue sont à la charge de l'acheteur.

V. — L'utilité de l'exception *rei judicatæ* n'est pas inconciliable avec la novation produite par la *litis contestatio*.

VI. — Celui qui veut agir contre ses cohéritiers, ne peut exercer à son choix l'action *familiæ erciscundæ* ou l'action *negotiorum gestorum*.

HISTOIRE DU DROIT

I. — La *Feïda* existait encore à l'époque franque.

II. — L'origine des ordalies se trouve dans la difficulté qu'éprouvèrent les Germains, au début de leur droit, d'organiser la preuve.

DROIT CIVIL FRANÇAIS

I. — Dans le cas où un légataire universel a été institué, les créanciers doivent diviser leur poursuite et ne sauraient actionner l'héritier pour le tout.

II. — L'art. 883 du Code civil doit s'appliquer aux créances.

III. — Lorsque l'ascendant donateur se trouve réservataire, il exerce cumulativement avec la réserve le droit de retour légal.

IV. — Les descendants sont tenus de plein droit de toutes les dettes existant au moment où le partage d'ascendants a été accepté par eux.

V. — La femme qui accepte la communauté est une véritable copartageante lorsqu'elle exerce ses reprises, et dès lors elle ne peut effectuer ses prélèvements qu'après que tous les créanciers auront été désintéressés.

VI. — La femme mariée sous le régime de la communauté légale, ou sous le régime de la communauté d'acquêts, ne peut valablement stipuler dans son contrat de mariage une incapacité complète de s'obliger, même avec l'autorisation de son mari ou de justice.

VII. — La dot mobilière est inaliénable.

VIII. — Le droit de revendication, exercé par le vendeur d'objets mobiliers non payé, n'a pas pour effet de résoudre la vente.

IX. — La clause par laquelle sont grevés d'hypothèque, les manoirs amazés ou non amazés, et généralement tous les immeubles du débiteur situés dans tel périmètre ou dans le territoire de telle commune, ne contient pas une désignation suffisante — et, par conséquent, la pratique notariale qui emploie cette rédaction dans les contrats constitutifs d'hypothèque est défectueuse.

DROIT COMMERCIAL

I. — Le contrat de commission est un contrat par lequel une personne s'engage à faire pour le compte d'une autre personne un ou plusieurs actes de commerce, lorsque d'ailleurs celui qui agit a l'habitude de faire ces sortes d'actes.

II. — Le privilége du commissionnaire appartient aussi bien au commissionnaire acheteur qu'au commissionnaire vendeur.

III. — L'achat d'immeubles pour les revendre n'est pas un acte de commerce.

DROIT ADMINISTRATIF.

I. — Le partage de biens indivis entre plusieurs communes ne peut avoir lieu qu'en vertu d'une délibération conforme de tous les Conseils municipaux des communes intéressées.

II. — L'arrêt du Conseil d'Etat du 25 février 1779, qui établit le droit d'aînesse et de masculinité, en ce qui concerne l'attribution des portions ménagères de marais dans l'Artois, a pour effet d'exclure les filles, tant qu'il existe, dans la descendance directe, un mâle apte à recueillir la part vacante.

DROIT CRIMINEL.

I. — La condamnation du complice n'est pas inconciliable avec l'acquittement de l'auteur principal.

II. — L'excuse tirée de la légitime défense doit être admise en matière de contravention.

DROIT INTERNATIONAL PUBLIC
ET PRIVÉ.

I. — Le fait de naviguer sous l'escorte et en compagnie d'un convoi ennemi, ne constitue pas une infraction aux règles de la neutralité.

II. — Le transport de la contrebande de guerre n'emporte, par lui-même et dans tous les cas, d'autre droit pour le capteur que celui de confisquer la marchandise prohibée.

III. — L'étranger né en France d'un étranger doit faire la réclamation prescrite par l'art. 9 C. C. dans l'année qui suit sa majorité, fixée par la loi du pays auquel l'enfant appartient jusqu'à sa réclamation.

IV. — En cas d'annexion, le délai d'option doit être suspendu au profit des mineurs soit non émancipés soit même émancipés, jusqu'à ce qu'ils aient atteint leur majorité.

Vu :

Douai, le 19 Décembre 1881.

Le Doyen de la Faculté,
Président de la Thèse,
DANIEL DE FOLLEVILLE.

Permis d'imprimer :

Ce 19 décembre 1881.

Le Recteur de l'Académie de Douai,
D. NOLEN.

TABLE DES MATIÈRES

DROIT ROMAIN
De la Représentation dans les Obligations

DROIT FRANÇAIS

Du Contrat de commission

POSITIONS

www.ingramcontent.com/pod-product-compliance
Lightning Source LLC
Chambersburg PA
CBHW071638200326
41519CB00012BA/2340